LES AÉROPLANES

HISTORIQUE, CALCUL ET CONSTRUCTION

BIBLIOTHÈQUE DES ACTUALITÉS INDUSTRIELLES, Nº 133

LES
AÉROPLANES

HISTORIQUE, CALCUL ET CONSTRUCTION

PAR

H. DE GRAFFIGNY

Ingénieur civil.

PARIS
LIBRAIRIE BERNARD TIGNOL
PUBLICATIONS DE LA
Librairie de l'École Centrale des Arts et Manufactures
53 *bis*, QUAI DES GRANDS-AUGUSTINS, 53 *bis*

LES AÉROPLANES

HISTORIQUE, CALCUL ET CONSTRUCTION

CHAPITRE PREMIER

CLASSIFICATION DES APPAREILS

De tout temps, l'homme s'est efforcé d'imposer sa domination à l'élément mobile qui entoure la planète qu'il habite et de parcourir à son gré ces plaines sans bornes qui s'étendent comme un immense velum azuré au-dessus de sa tête.

On pourrait dire qu'il ne s'est pas passé un siècle, depuis que l'humanité est sortie de sa barbarie primitive, sans que quelque idée originale ait été émise, ou qu'une tentative ait été faite pour réaliser ce désir. C'est ainsi que l'idée de la navigation aérienne peut être considérée comme contemporaine des premiers âges de la civilisation, mais il a fallu arriver à notre époque pour voir l'atmosphère sillonnée dans tous les sens par des véhicules obéissant à la volonté de leurs conducteurs.

Remettant au chapitre suivant l'historique des recherches qui, commencées il y a deux mille ans, nous ont amenés aux merveilles actuelles, je me bornerai à établir ici une classification rationnelle des appareils qui prétendent fournir la solution tant cherchée de ce difficile problème, et se disputent l'honneur de la conquête des airs.

Tout d'abord deux principes radicalement contraires sont en présence et ont chacun leurs partisans : ce sont ce que l'on est convenu de nommer le « plus léger » et le « plus lourd » que l'air ambiant qu'il s'agit de vaincre, l'un obtenant la *sustentation* (1) par la différence de densité d'un gaz avec l'atmosphère, l'autre demandant cette sustention à des moyens purement mécaniques.

Mais il ne suffit pas à un appareil de se soutenir entre ciel et terre ; là n'est pas la chose principale qu'on demande à un véhicule de ce genre. Il faut surtout qu'il puisse se déplacer dans le sens horizontal vers le point de l'horizon que l'on veut atteindre, et c'est là, particulièrement, la grande difficulté du problème, car alors il devient nécessaire de vaincre un ennemi nouveau qui s'appelle le vent, et dont l'existence crée un obstacle non moins difficile à annihiler que l'action de la pesanteur terrestre. Il est vrai qu'il semble plus aisé d'en venir à bout lorsqu'on est déjà parvenu à supprimer la pesanteur et à flotter librement dans l'atmosphère, et c'est pourquoi on a cru tout d'abord que la direction des ballons pouvait être obtenue sans aucune complication, simplement en cherchant à diverses hauteurs un courant aérien se déplaçant dans le sens cherché (fig. 1).

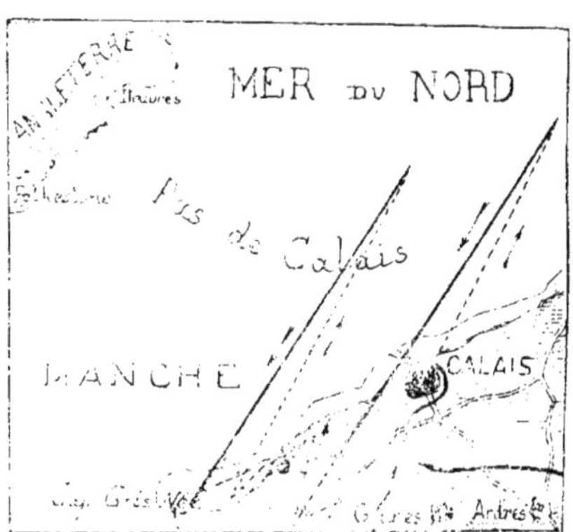

Fig. 1. — Trajectoire suivie par le ballon le *Neptune*, monté par Duruof et G. Tissandier en 1868, et montrant la direction nettement contraire des courants aériens suivant l'altitude.

Il est fréquent, en effet, de voir plusieurs courants d'intensité et de direction variables étagés à différentes altitudes ; de nombreux aéronautes ont constaté le fait et certains d'entre eux, tels que Tissandier

(1) SUSTENTION. Action de se maintenir suspendu en l'air par un moyen quelconque.

et Lhoste, ont pu utiliser ces vents soufflant dans des directions opposées pour gagner, par des manœuvres de louvoyage répétées, un point qu'ils désiraient atteindre.

Mais de pareilles manœuvres, toujours délicates, ne donnent que rarement le résultat espéré, car, tantôt un courant unique règne dans toute l'épaisseur de l'atmosphère, et tantôt — c'est même là le cas le plus fréquent — les courants rencontrés aux diverses altitudes ne divergent que très peu. D'autre part, la saine pratique de l'aérostation exige que l'on évite les variations de niveau, afin de ménager le lest et le gaz. Il est vrai que l'on pourrait essayer de reconnaître d'avance l'existence et la direction des divers courants d'air au moyen de ballons-sonde, ainsi que l'avait proposé l'aéronaute Sivel, mais ce moyen serait encore bien insuffisant dans la plupart des circonstances.

« Il est évident, dit M. R. Soreau, qu'un ballon ordinaire ne peut aller d'un point A du sol à un autre point B (fig. 2) que si B se

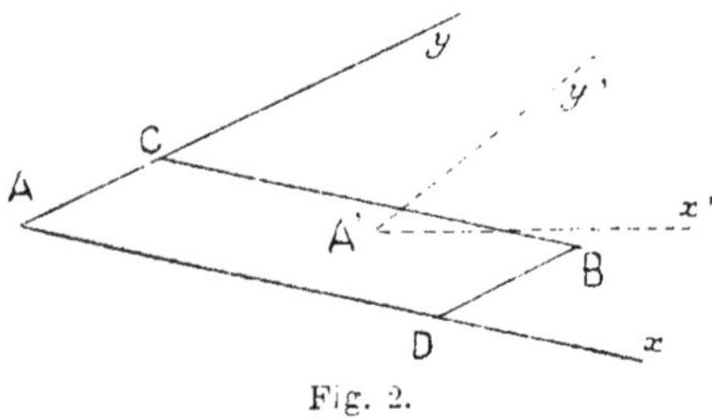

Fig. 2.

trouve dans l'angle xAy que forment les plus divergents des courants accessibles qui s'étagent au-dessus de A ; et dans ce cas, il se peut qu'au moment où le ballon arrive en un point A′, les courants primitifs aient changé, de telle sorte que le nouvel angle $x'A'y'$ ne comprenne plus le point B ; dès lors l'atterrissage en ce point n'est plus possible. Ainsi s'explique l'échec des frères Tissandier lorsqu'en 1870 ils essayèrent de revenir à Paris en ballon en partant de Rouen. A quelque habileté que parviennent les aéronautes ils ne sauraient réaliser pratiquement la navigation aérienne par la seule utilisation des courants, d'autant plus que ceux-ci obéissent à des lois qui dépendent d'un si grand nombre de facteurs essentiels que cette utilisation serait toujours très précaire ».

Force est donc, devant cette impossibilité où l'on se trouve de pouvoir compter sur l'existence du vent menant dans la direction voulue au moment où l'on aurait précisément besoin de ce vent, de recourir à un autre moyen moins problématique, et c'est alors que l'on a cherché à pourvoir l'aérostat d'un moyen de propulsion qui lui soit propre et qui lui permette de se mouvoir à volonté dans tous les sens au sein de l'atmosphère.

Il a fallu plus d'un siècle pour élucider l'une après l'autre toutes les inconnues de l'équation et discerner les conditions que devait présenter un aérostat pour répondre à ces exigences, c'est-à-dire déterminer la forme rationnelle à donner aux carènes, assurer leur équilibre longitudinal et vertical, ainsi que la permanence de leur forme, enfin leur fournir une énergique propulsion au moyen d'organes appropriés.

Il ne faut pas perdre de vue, comme l'a fait remarquer le regretté colonel Charles Renard, que le vent ne semble pas exister pour l'aéronaute (de même d'ailleurs que pour l'aviateur), parce que celui-ci appartient à l'air et non au sol. Tout se passe, pour un navire aérien, qu'il soit ou non dirigeable, comme si l'air était immobile et l'océan atmosphérique figé dans un calme absolu. Toutefois, s'il est muni d'un propulseur, le navire pourra se déplacer au sein de cet air toujours calme comme si le vent n'existait pas ; les sensations que l'aéronaute éprouvera seront les mêmes qu'en air calme ; en avançant, il sentira un vent plus ou moins fort venant de l'avant et se dirigeant vers l'arrière du ballon, mais ce vent n'a aucun rapport avec celui qu'on observe à terre, et il n'est que le résultat du déplacement de l'appareil sous l'effort de son propulseur ; aussitôt que celui-ci cessera d'agir, le calme le plus absolu ne tardera pas à renaître. En un mot, tout se passera comme si, l'air étant absolument immobile, c'était la terre qui fuyait au-dessous de l'aérostat avec une vitesse égale à celle du vent.

A ce sujet, le colonel Renard donne un exemple et nous reproduirons sa théorie :

« Une flotte aérienne plane au-dessus de Paris ; elle se compose d'une douzaine d'avisos aériens et d'un vaisseau-amiral. Cette flotte est, pour le moment, immobile dans l'air et toutes les machines sont stoppées. Le vent souffle de l'ouest avec une vitesse de 8 mètres par seconde ou, ce qui revient au même, l'océan aérien étant supposé complètement immobile, Paris, sa banlieue, la France entière sont emportés vers l'ouest avec une vitesse de 8 mètres, ou 29 kilomètres à l'heure.

« A ce moment, du vaisseau-amiral toujours immobile, part un ordre. Les douze avisos, s'éloignant du point de ralliement dans douze directions différentes, doivent effectuer une reconnaissance. Les voilà qui s'élancent et qui font le vide autour du vaisseau-amiral immobile pour attendre leur retour. Supposons que leur vitesse de marche dans l'air soit égale à 6 mètres par seconde, soit 22 kilomètres à l'heure ; au bout d'une heure chacun d'eux sera à

22 kilomètres du vaisseau-amiral ; en d'autres termes, ils seront répartis sur la circonférence d'un cercle de 22 kilomètres de rayon dont le navire immobile occupera le centre mathématique. Voilà ce qui se passe dans l'air ; par rapport au sol, celui-ci aura fui vers l'ouest avec une vitesse de 29 kilomètres à l'heure et Paris ne sera plus sur la verticale du navire aérien immobile, mais un point situé à 29 kilomètres à l'est, c'est-à-dire *sous le vent*, et ce point est le centre du cercle dont la circonférence est occupée par les avisos.

« Le vent ne change donc rien aux positions relatives des navires de la flotte aérienne, il les déplace tous en bloc dans sa direction. Ce résultat si simple conduit à cet énoncé de la loi fondamentale des mouvements des ballons dirigeables par rapport au sol. Pour un ballon dirigeable, l'ensemble des points abordables ou, si l'on veut, le lien géométrique des points abordables au bout d'une heure, est une circonférence décrite d'un point situé sous le vent du point de départ à une distance de ce point égale à la vitesse du vent, le rayon de cette circonférence étant d'ailleurs égal à la vitesse du ballon dans l'air, ou vitesse propre (fig. 3).

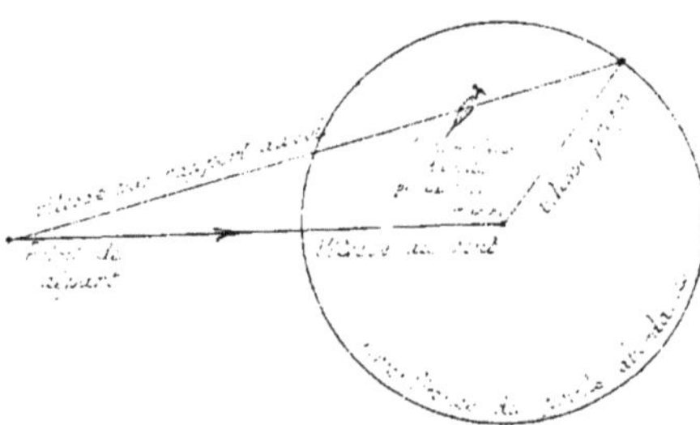

Fig. 3.

« Cette dernière vitesse est d'ailleurs indépendante de celle du vent ; elle ne dépend que de l'énergie du moteur, de la forme du ballon, de sa grandeur ; en un mot, elle caractérise le ballon dirigeable, et elle est la véritable mesure de sa valeur pratique, ainsi que l'exemple suivant va le démontrer. En premier lieu, *la vitesse propre* peut être inférieure, égale ou supérieure à celle du vent. Dans le premier cas, représentons le point de départ par la lettre P (fig. 4). Prenons PP′ égal à la vitesse du vent V, du point P′ comme centre, avec la vitesse propre v comme rayon, décrivons la circonférence des points abordables au bout d'une heure ; comme v est plus petit que V, cette circonférence laissera le point de départ P à l'extérieur du cercle. Menons de ce point deux tangentes à cette circonférence ; il est manifeste que le navire aérien partant de P ne pourra atteindre au bout d'une heure aucun point situé en dehors de l'angle T_1PT_2 formé par les deux tangentes. Au bout de deux heures, le centre de la circonférence abordable serait transporté en P′, à une distance égale à 2V du point de départ et son rayon serait devenu $2v$. On en conclut facilement que les deux tangentes à la première circonférence sont aussi tangentes à la seconde, et qu'elles restent les limites infranchissables imposées à notre ballon au bout d'un temps quelconque. L'espace est donc partagé en deux régions, l'une abordable comprise entre les deux tangentes PT_1 et PT_2, et l'autre inabordable placée à l'intérieur de ces deux lignes. L'angle T_1PT_2 s'appelle pour cette raison l'*angle abordable*.

« Pour aboutir en M sur la circonférence des points abordables au bout d'une heure, il a fallu diriger le navire parallèlement à la ligne P'M. P'M est

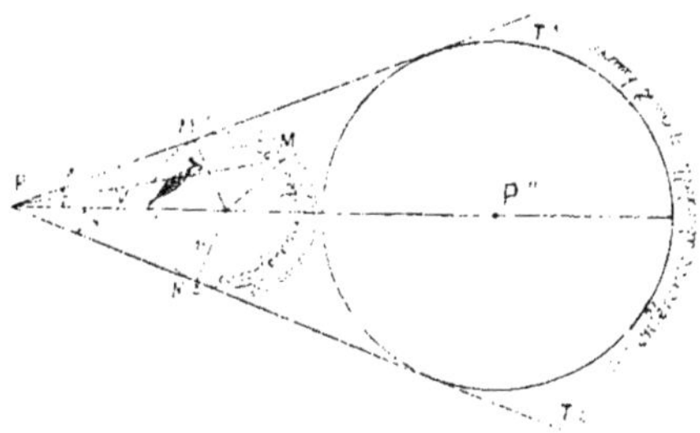

Fig. 4.

donc la direction du ballon dans l'air ou direction du cap. PM est la direction vraie sur le sol ; cette ligne représente le chemin réel parcouru en une heure. On voit qu'il a pour valeur maximum Pm égal à la somme des deux vitesses, et pour valeur minimum Pm' égale à leur différence. Dans le premier cas, la direction du cap se confond avec celle du vent, elle lui est directement opposée dans le second. La déviation maximum est obtenue quand la ligne PM est tangente à la circonférence. Dans ce cas, comme on le voit en M_1 et M_2, la direction du cap est perpendiculaire à la route réelle. L'angle $P'PM_1$ s'appelle *angle de déviation maximum*. Si on le désigne par α il est donné par la formule très simple :

$$\mathrm{Sin}\ \alpha = \frac{v}{V}$$

L'angle abordable est le double de l'angle de déviation maximum.

« Si nous considérons maintenant le cas où la vitesse propre est égale à celle du vent, nous voyons que la circonférence des points abordables passe par le point de départ (fig. 5). Les deux tangentes se confondent en une seule ; l'angle de déviation maximum est égal à un angle droit ; l'angle abordable est donc égal à deux angles droits et la moitié de l'horizon est ouverte à l'aérostat. Si PM est la direction réelle à suivre, P'M est la direction du cap, la déviation P'PM est la moitié de l'angle MP'X du cap avec le vent. L'angle du cap avec la route réelle a la même valeur, enfin la vitesse maximum est égale au double de celle du vent et la vitesse minimum est nulle. Enfin, si la vitesse

propre v est supérieure à la vitesse du vent V (fig. 6), le point de départ P est
à l'intérieur de la circonférence abordable et le ballon peut atteindre tous les
points de l'horizon. Si PM est la direction réelle à suivre, P'M sera, comme
toujours, la direction du cap, la vitesse maximum sera atteinte quand cette

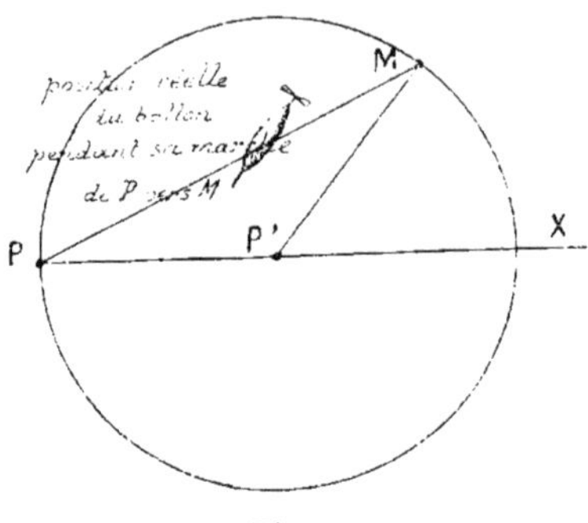

Fig. 5.

direction se confondra avec celle du vent, elle sera égale à la somme des deux
vitesses V et v. On obtiendra la vitesse minimum en tournant le cap à l'opposé
du vent et cette vitesse sera égale à $v - V$; elle sera dirigée en sens inverse
du courant aérien que le ballon pourra cette fois remonter.

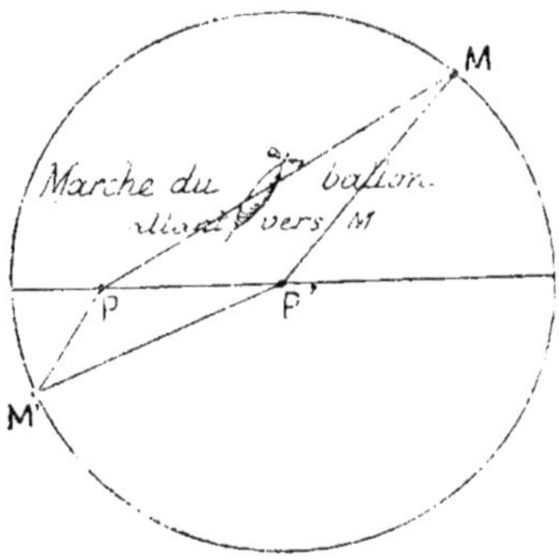

Fig. 6.

« Cette analyse géométrique fort simple fait justice de bien des erreurs dont
la plus répandue est celle-ci : Est-il nécessaire, dit-on, d'avoir une vitesse supérieure à celle du vent pour le remonter ?... Ne peut-on pas, en louvoyant
comme les navires à voiles, gagner sur le vent avec une vitesse plus faible ?...
Nous venons de voir que cela est impossible, puisque, quelle que soit la direc-

tion du cap, le navire aérien ne peut franchir les côtés de l'angle abordable. En obliquant son cap, il ne ferait que reculer plus vite, et la meilleure manière de ralentir le recul est de faire face directement au vent. Ainsi donc, la condition *sine quâ non* d'une direction complète dans tous les sens est que la vitesse propre soit supérieure à celle du vent régnant. Toutefois, c'est évidemment là une condition purement relative. Un ballon réalisant les conditions qui viennent d'être énoncées au cours de cette théorie sur la navigation aérienne en air calme, sera dirigeable certains jours et ne le sera pas certains autres, et cela quelle que soit sa vitesse propre. Il sera d'autant plus souvent dirigeable que sa vitesse sera plus grande, et enfin, pour qu'il mérite véritablement le nom de *ballon dirigeable*, il faudra que sa vitesse propre soit supérieure à celle des vents habituels de la région où il est appelé à circuler constamment ».

Cette citation d'un savant dont on ne contestera pas la compétence est peut-être un peu longue, mais il m'a paru indispensable de la reproduire dans son entier car elle précise exactement les conditions auxquelles doit satisfaire un navire aérien pour pouvoir être réellement considéré comme dirigeable. C'est en se basant sur ces principes, en augmentant le plus possible la puissance du moteur par unité de surface résistante (mesurée d'après la section transversale au maître-couple du ballon), que les aéronautes actuels sont parvenus à rendre pratiquement utilisables leurs appareils pendant la majeure partie du temps (8 jours sur 10) dans nos climats.

Le problème de la navigation aérienne semble de prime abord plus aisé à résoudre à l'aide du ballon que par tout autre moyen, car l'enveloppe remplie de gaz donne, sans la moindre dépense d'énergie, la sustention, en même temps qu'elle procure une plus grande sensation de sécurité pour les voyageurs. Cette sécurité est cependant aléatoire, et on pourrait rappeler les catastrophes qui ont mis brusquement fin aux essais du *Deutschland* du Dr Wœlfert, du *Pax* de Severo, de l'aéronat de Bradsky, du *Nulli Secundus* et autres. De même, la traction, dans le sens horizontal, de ce flotteur, exige des efforts très considérables en raison de la surface résistante opposée à l'avancement. Pour ces raisons et bien d'autres encore de non moindre importance, telle que le poids à donner aux étoffes pour maintenir l'enveloppe bien tendue, malgré la résistance créée par une vitesse de progression considérable, on a reconnu qu'à partir d'une certaine allure, on serait dans l'obligation de supprimer le flotteur de soutien, le ballon, ce qui est reconnaître, en réalité, que la navigation aérienne peut être pratique sans l'intervention de ce dernier.

L'aviation, ou navigation aérienne à l'aide d'appareils mécaniques,

est cependant beaucoup plus ancienne que l'aérostation, car c'est surtout à imiter le vol des oiseaux que l'homme s'est appliqué, mais faut-il
le rappeler, sans le moindre succès jusqu'à ces derniers temps. On
était bien parvenu à faire voler de petits modèles, mais il semblait impossible d'arriver à construire jamais des machines de dimensions suffisantes pour emporter un homme dans les airs. La nature elle-même
avait paru reculer devant la difficulté, les plus lourds volatiles connus
étant loin d'égaler le poids de l'homme. Plusieurs moyens furent successivement essayés : l'aile à mouvements alternatifs, l'hélice à bras
horizontaux, et enfin le plan glissant sur l'air et rappelant le cerf-volant.

On crut pendant longtemps que l'homme était doué d'une force musculaire suffisante pour s'élever dans l'atmosphère, simplement en adaptant à son corps des ailes de grandeur et de forme appropriée. Un calcul très simple permet de se convaincre que cette supposition est une
pure utopie (1), et l'homme-volant ne peut être qu'une chimère irréalisable. Toutefois, l'aile peut constituer un organe de propulsion efficace, mais qui ne saurait cependant lutter avec l'hélice ainsi que je
m'efforcerai de le démontrer dans un chapitre ultérieur.

L'hélice à pivot vertical, se vissant dans l'air comme une tige filetée
dans son écrou, peut fournir un moyen d'ascension ; on a donné aux
appareils employant cet organe le nom d'*hélicoptères*, alors que ceux
utilisant l'aile battante recevaient le nom d'*orthoptères*, ou mieux
d'*ornithoptères*. Ces deux systèmes diffèrent donc l'un de l'autre en
ce que les premiers font usage d'un mouvement circulaire continu
donnant un effort vertical, alors que l'autre tire parti d'un mouvement
rectiligne pour assurer la progression dans le sens horizontal.

L'ornithoptère est donc un appareil qui tend à reproduire le vol des
oiseaux par des procédés analogues à ceux de la nature, et ses propulseurs sont des ailes battantes. Il pratique donc le vol dit *ramé*, dans
lequel les ailes effectuent une série de battements réguliers imitant le
vol d'un oiseau tel que le pigeon.

(1) La chute des corps se fait par un mouvement uniforme accéléré. Dans le premier quart de seconde, il n'est que de 327 millimètres ; il est de 654 dans le deuxième
quart, de 1.308 dans le troisième et de 2.616 dans le quatrième : total 4 m. 90 centimètres. Si l'on pouvait faire quatre battements d'ailes par seconde, il suffirait de
s'élever de 33 centimètres par battement pour pouvoir se soutenir et planer. Or, la
force de 1 cheval-vapeur pouvant seulement élever le poids d'un homme pesant 75 kilos
de 1 mètre en une seconde, et la force de l'homme étant au plus le cinquième de
celle de 1 cheval, la force de l'homme ne monterait son propre poids que d'un cinquième de mètre, ou 20 centimètres, en un quart de seconde, elle ne l'élèverait
que de 5 centimètres. Donc l'homme ne peut pas voler, sur notre planète, par sa
seule force musculaire. (C. Flammarion.)

Mais les oiseaux ne pratiquent pas constamment et exclusivement le vol ramé ; il en est que l'on voit souvent, en des inclinaisons gracieuses, parcourir de grandes distances, comme s'ils glissaient sur l'air ; il en est aussi, parmi les grandes espèces notamment, qui paraissent se tenir complètement immobiles pendant des heures entières, à des hauteurs vertigineuses, comme s'ils étaient suspendus à un fil. Cependant il est de toute évidence que ces oiseaux ne se maintiennent ainsi qu'à la condition d'imprimer un travail continuel aux plans de sustention représentés par leurs ailes, autrement le vent ne tarderait pas à les entraîner. On donne à ce dernier genre de vol le nom de *vol à voile*, alors que l'autre, celui dans lequel l'oiseau après avoir éteint ses battements d'une façon progressive et complète, se laisse glisser sur l'air avec ses ailes immobiles et largement étendues, se nomme *vol plané*.

D'innombrables théories ont été échafaudées pour expliquer, d'une manière aussi plausible et rationnelle que possible le mécanisme de ces trois genres de progression employés, suivant le cas, par les oiseaux, et on peut dire que chaque savant a ses idées personnelles à ce sujet, corroborées souvent par des expériences. L'une des plus connues est celle imaginée par M. Marcel Deprez, l'éminent électricien, qui en a fait l'objet d'un mémoire présenté à l'Académie des Sciences. Un petit chariot léger se déplaçant le long d'un plan incliné supporte une tige terminée à sa partie supérieure par un plan stabilisateur faisant avec l'horizon un angle égal mais opposé à celui du plan sur lequel circule le chariot. Si l'on abandonne l'appareil à lui-même, il descend, en vertu de la pesanteur, tout le long du plan incliné, mais si, à l'aide d'un ventilateur, on souffle un jet d'air, dirigé obliquement et de bas en haut, sur l'arrière du chariot, au lieu d'accélérer la descente, ce courant d'air produira un effet tout opposé : le chariot se mettra à gravir le plan incliné tant qu'il sera soumis à l'action du courant d'air (fig. 7). Ce phénomène s'explique mécaniquement par la décomposition des forces qui résultent de la réaction de l'air contre le plan stabilisateur.

Il est enfin, avec l'ornithoptère et l'hélicoptère, un moyen de réaliser la navigation aérienne par le « plus lourd que l'air » et, en fait, c'est celui qui a donné jusqu'à présent les résultats les plus probants. Ce moyen, c'est l'aéroplane, qui emploie pour sa progression l'hélice à pivot horizontal, en même temps que des plans stabilisateurs prenant leur point d'appui sur l'air.

On a comparé l'aéroplane à un cerf-volant dans lequel la traction d'une hélice remplace la ficelle de retenue ; cette comparaison est assez exacte, et on conçoit que, si l'effort de traction est supérieur à ce qui est

nécessaire pour amener la sustention et l'équilibre, l'appareil avancera
dans l'air avec une vitesse en rapport, d'une part avec la résistance
qu'il offre à la progression, et d'autre part avec la quantité de travail
dépensée. En résumé, la voilure constituant un aéroplane demeure immobile et on peut dire qu'en principe un aéroplane est composé d'ailes
fixes s'appuyant sur l'air où elles trouvent un point d'appui suffisant
grâce à la vitesse de glissement qui leur est communiquée par un propulseur approprié.

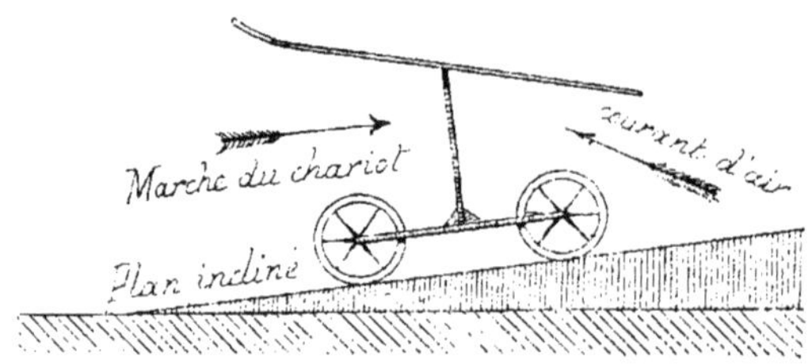

Fig. 7. — Expérience de M. Marcel Deprez.

A titre documentaire, voici quelques chiffres, relevés lors de l'essai
d'appareils récents, qui permettent de comparer la valeur particulière
des deux systèmes : l'hélicoptère et l'aéroplane; les premiers ayant été
fournis par la machine de M. Cornu de Caen, les seconds par l'aéroplane du type des frères Voisin.

	HÉLICOPTÈRE.	AÉROPLANE.
Poids enlevé par cheval-vapeur utilisé. . .	14 kilog.	20 kilog.
Poids supporté par mètre carré de surface .	10 —	45 —
Puissance dépensée pour enlever un homme.	40 chevaux.	15 chevaux.
Vitesse de translation horizontale.	12 kilomètres.	60 kilomètres.

On voit immédiatement quelle est la supériorité des plans à déplacement oblique sur les appareils à mouvement d'ascension direct. D'après
M. Rodolphe Soreau, l'hélicoptère présente encore d'autres points d'in-
fériorité. Si les hélices sont parfaitement horizontales, elles n'arriveront qu'à soutenir l'ensemble sans le déplacer dans le sens horizontal
et un ballon ordinaire serait infiniment plus simple et moins dangereux.
Si les hélices sont inclinées, l'habitabilité et la sécurité seront bien pré-
caires. S'il y a un jeu d'hélices ascensives et une hélice à pivot horizontal, la propulsion troublera singulièrement l'action des hélices sustentatrices qui, en définitive, agiront comme des surfaces aéroplanes de

forme compliquée, ayant sur la voilure immobile l'inconvénient de se prêter difficilement aux calculs nécessaires pour assurer la stabilité et de priver les passagers du parachute formé par une grande voilure.

Ainsi donc, l'aviation peut présenter diverses solutions, suivant que l'on veut reproduire le vol ramé ou le vol plané, imiter le cerf-volant ou obtenir un mouvement ascensionnel direct, et nous étudierons successivement ces divers procédés au cours du présent ouvrage. Il nous reste à dire quelques mots pour des procédés mixtes, récemment mis en pratique par plusieurs inventeurs, afin de présenter le tableau complet de l'état actuel de la science de la navigation aérienne.

D'après certains chercheurs, chacune des méthodes « le plus léger » et le « plus lourd » que l'air, prise isolément, est incomplète, et, au contraire elles peuvent se compléter l'une l'autre en prenant ce qui est bon dans chacune d'elles, ce qui est un inconvénient pour l'une étant une qualité pour l'autre et réciproquement.

Si l'on accepte les théories de M. Malécot, il ne faut pas être aéronaute ou aviateur exclusivement et de parti pris ; il faut rendre justice aux deux écoles et associer ce qu'elles ont de bon. Il faut donc que l'appareil idéal soit à la fois plus léger et plus lourd que l'air. *Plus léger* pour recevoir de l'air la poussée de bas en haut nécessaire à lui donner le point d'appui utile à sa direction, et *plus lourd* afin que la machine emprunte sa puissance ascensionnelle à ses moyens mécaniques, sans quoi le vol parfait ne saurait être obtenu. Une telle conception peut paraître bizarre de prime abord, puisqu'elle ramène l'appareil d'aviation au plus léger que l'air : c'est cependant, affirme M. Malécot, la seule voie qui permette d'escompter un succès complet et définitif, et c'est pour répondre à ce programme qu'il a combiné son aéronef mixte, composé d'un ballon allongé muni d'une poutre armée et supportant de vastes plans horizontaux devant agir comme un aéroplane. À vingt mètres au-dessous de cette poutre, et relié aux deux extrémités de celles-ci par un câble, se trouve suspendue une nacelle contenant le poids utile : voyageurs ou marchandises, à transporter par la voie des airs.

La force ascensionnelle du ballon, du flotteur de sécurité est calculée de telle sorte que la nacelle ne peut être enlevée par celui-ci. Il faut, pour que l'ascension ait lieu, que le pilote donne une certaine inclinaison à l'aérostat et aux plans, en raccourcissant, par la manœuvre d'un treuil, le câble supportant à l'arrière la nacelle restée sur le sol. Aussitôt le propulseur mis en route, l'ensemble s'élève obliquement, par la réaction de l'air sous les plans, et l'appareil se comporte alors comme un aéroplane. Si l'on arrête le moteur, la descente commence, mais elle s'opère très lentement, grâce à la résistance de ces mêmes plans qui agissent alors comme un vaste parachute, mais, bien entendu, s'il fait du vent, l'appareil est entraîné horizontalement, en même temps, par le courant aérien, comme un vulgaire ballon rond. En résumé, cet agencement mixte réunit les avantages, mais aussi les inconvients, des deux méthodes opposées ; la sécurité est évidemment plus grande et les atterrissages incomparablement plus faciles qu'avec l'aéroplane à grande vitesse de progression, mais il y a toujours le ballon à traîner, dont l'équilibre vertical est toujours instable par suite des variations atmosphériques continuelles qui se produisent au cours d'un voyage aérien. Quoiqu'il en soit, il n'est que juste de constater que l'aéronef Malécot, lors de ses essais au champ de manœuvre des Moulineaux, a fonctionné avec une grande régularité, quel que fût le temps et la direction du vent.

Tel est l'état de la grande question de la navigation aérienne à notre époque, et l'énumération des divers moyens mis en usage pour la faire passer du domaine de la théorie pure dans celui des faits pratiques. On peut dire qu'aujourd'hui chaque méthode a été expérimentée et montré ce qu'elle permettait raisonnablement d'espérer. Le ballon dirigeable, l'hélicoptère, les mixtes ont fait leurs preuves, et l'on peut croire qu'il ne reste plus désormais qu'à perfectionner sans relâche les moindres détails de ces machines volantes, comme on l'a fait pour les automobiles et autres véhicules qui, lourds, frustes et lents au début de leur mise en service, sont devenus, avec le temps, des merveilles de mécanique, souples, obéissantes, rapides et silencieuses. On est encore à la période sportive, mais bientôt lui succédera l'ère de l'utilisation pratique et universelle, au grand profit de la civilisation et du progrès général.

A mon humble avis, l'aviation au moyen d'aéroplanes purement mécaniques est la méthode qui présente le plus d'avenir et qui conduira le plus rapidement au but définitif; telle est ma conviction depuis plus d'un bon quart de siècle que je m'évertue à élucider pour ma part les difficultés de ce procédé de locomotion, par la construction de modèles d'études dont certains, tels que la *fusée-aéroplane* à réaction, m'ont donné des résultats intéressants.

En réunissant les documents purement pratiques qui composent ce modeste opuscule, je me trouve donc sur un terrain qui m'est familier, car j'ai travaillé puis-je dire, *cogitum et manus* à ces questions devenues d'une brûlante actualité. Je me bornerai donc à retracer rapidement l'historique de l'aviation pour entrer aussitôt après dans le domaine de l'étude des conditions auxquelles doit satisfaire un appareil d'aviation basé sur l'un ou l'autre des principes qui ont été exposés dans ce chapitre.

CHAPITRE II

HISTORIQUE DE L'AVIATION

Sans vouloir remonter aux récits très anciens, qui tiennent plutôt de la légende que de l'histoire, ni rappeler les traditions mythologiques ou autres, ce qui exigerait presque un volume entier, on peut dire que la recherche des moyens capables d'assurer à l'homme le domaine des airs est aussi ancienne que l'humanité elle-même ; mais jusqu'à la fin du quinzième siècle aucune tentative sérieuse ou méritant pleine créance, ne peut être rapportée. A cette époque, un mathématicien italien, J. B. Dante, de Pérouse, parvint, paraît-il à faire fonctionner des ailes artificielles et à réaliser le vol à voile au-dessus du lac de Trasimène [1].

En 1670, le P. Lana, de la Compagnie de Jésus, proposait un bateau aérien consistant en une nacelle armée d'un mât et d'une voile ; quatre sphères ou globes en cuivre privés d'air et ayant 0^m08 de ligne d'épaisseur, étaient chargées de supporter la nacelle à l'aide de câbles.

On trouve dans le *Journal des Savants* de Paris, du 12 septembre 1679, la description d'une machine à voiles construite par un nommé Besnier, mécanicien à Sablé, et qui consistait en quatre ailes fixées à l'extrémité de leviers qu'on manœuvrait alternativement avec les mains et avec les pieds ; tout ce que l'inventeur put faire fut de ne pas tomber trop vite en se lançant du haut d'un toit.

En 1680, un physiologiste italien, Bovelli, publia un ouvrage extré-

[1] M. Adh. de la Hault, supplément du *Petit Bleu* de Bruxelles.

mement intéressant, intitulé : *De Motu animalium*. Sa théorie consiste à déclarer qu'un oiseau s'insinue dans l'air par la vibration perpendiculaire de ses ailes, celles-ci pendant leur action formant un angle dont la base est dirigée vers la tête de l'oiseau, le sommet vers la queue. Si, disait-il, l'air placé sous les ailes est frappé par les parties flexibles de ces dernières avec un mouvement vertical, les voiles et les parties flexibles céderont dans une direction ascendante et formeront un coin ayant la pointe dirigée vers la queue. Que l'air donc frappe les ailes par dessous ou que les ailes frappent l'air par dessus, le résultat est le même, les bords postérieurs ou flexibles des ailes cèdent dans une direction ascendante et, en agissant ainsi, poussent l'oiseau dans une direction horizontale.

En 1709, l'abbé Barthélemy Lourenço présentait au roi Jean V de Portugal un projet de machine pour monter dans l'air et y franchir deux cents lieues par jour. Cette machine, où l'on devait utiliser à la fois l'action du vent et les propriétés électriques de l'ambre, portait deux sphères qui contenaient le secret attractif (autrement dit le vide), et une pierre d'aimant.

En 1772, le chanoine Desforges construisit une machine volante avec laquelle il se lança du haut de la tour Guinette, à Étampes ; il parvint à faire mouvoir ses ailes avec une grande vitesse, mais, dit un témoin, plus il les agitait, plus sa machine semblait presser la terre.

Si nous suivons la classification adoptée dans le précédent chapitre pour différencier les machines volantes les unes des autres, nous verrons que l'on s'est d'abord occupé des machines à ailes battantes ou *orthoptères*.

Les orthoptères se soutiennent dans l'air par des ailes battantes : c'est l'imitation directe de l'oiseau ou de l'insecte.

Ce type a contre lui une grosse difficulté : faire l'articulation de l'épaule solide. De plus, si l'on adopte simplement le battement de haut en bas, on n'a pour soi que le coefficient orthogonal de la résistance de l'air qui ne donne à l'aile qu'un faible rendement.

Si l'oiseau rameur se soutient, c'est que son aile exécute un mouvement hélicoïdal d'avant en arrière et de haut en bas, qui a un rendement merveilleux. Ce mouvement est connu par les précieuses photographies du professeur Marey. Rien n'empêche de le réaliser de plusieurs manières; mais il faut en même temps tâcher de réunir les trois conditions suivantes : légèreté, simplicité, solidité.

Enfin, il faut considérer que les moteurs que l'homme a inventés actionnent très facilement des mouvements rotatifs et très difficilement des mouvements alternatifs.

Quelques inventeurs ont été attirés vers l'orthoptère, mais, jusqu'à présent, nous sommes obligés de reconnaître qu'aucun essai bien sérieux n'a été tenté.

Parmi les partisans actuels de ce genre de propulseur, il n'est que juste de citer M. Adhémar de la Hault, qui poursuit avec ténacité le problème de la lemniscate décrite par l'aile battante, et qui considère cette dernière comme un organe de propulsion susceptible de procurer des résultats inattendus et du plus haut intérêt.

Un inventeur lyonnais, M. Collomb, a construit également une machine volante du type orthoptère. Au lieu d'être battantes, les ailes de son appareil sont oscillantes autour d'un axe situé dans le milieu de chacune d'elles. Elles sont constituées par des lamelles de bois articulées comme des jalousies. C'est par la réaction de l'air sur ces cloisons obliques à la remontée que M. Collomb espérait obtenir l'effort de propulsion complétant l'effort de sustentation obtenu dans l'abaissement des ailes, qui peuvent faire 150 oscillations par minute. M. Albert Bazin construit aussi un appareil du même genre.

En voie d'achèvement également l'orthoptère d'un autre inventeur lyonnais, M. Juge, constitué par deux ailes montées sur une carène dans laquelle sont installés un moteur de 20 chevaux et ses annexes et portant à l'arrière un gouvernail orientable en tous sens.

. Il nous semble intéressant de donner l'opinion de quelques savants au sujet de ces appareils. Voici d'abord comment s'exprime M. Armengaud jeune : « Les orthoptères ou ornithoptères n'ont pas donné jusqu'à présent des résultats comparables à ceux des aéroplanes — certains auteurs très compétents en matière d'aviation prétendent qu'on ne pourra obtenir qu'une imitation plus ou moins grossière de cette machine naturelle constituée par la structure anatomique de l'oiseau. Si l'on supprime l'une de ses qualités essentielles, la souplesse des organes, il ne reste plus, comme l'a dit M. Banet-Rivet, qu'un moteur de faible rendement compliqué d'organes sans nombre. D'ailleurs, si le pigeon et autres volateurs de taille moyenne pratiquent le vol ramé, les volateurs tels que l'aigle utilisent leurs ailes comme aéroplanes, trouvant dans les mouvements de l'air l'énergie suffisante pour entretenir leur vitesse ».

Comme on peut le constater par ce qui précède, la solution du problème par l'aile battante semble présenter des difficultés « insurmontables et même de nature telle que l'on devrait y renoncer ». Ceux qui arriveront à un résultat appréciable dans cette voie-là auront donc un mérite autrement grand que celui qui a accueilli cette légion de partisans des aéroplanes, ces engins plutôt encombrants, qui exigent des

AÉROPLANE ERNEST ARCHDEACON
(Août 1905.)

AÉROPLANE VOISIN-FARMAN
(Juin 1908.)

AÉROPLANE WILBUR WRIGHT

(Octobre 1908)

AÉROPLANE ESNAULT-PELTRIE
(Octobre 1908.)

champs de manœuvre, on peut même dire presque des champs de bataille pour effectuer leurs vols ! Avec l'orthoptère, on pourrait s'élever sous un angle de 45°, se passer des cerfs-volants Hargrave et, dans tous les cas, des haubans en cordes à piano ! Attendons : « *Fortem et lenacem proposili virum* ».

Les difficultés de tout ordre qui viennent d'être énumérées et qui rendent aléatoire la réalisation du vol aérien au moyen d'orthoptères, ne se rencontrent pas avec l'hélicoptère, aussi ce système compte-t-il davantage de partisans. L'hélicoptère est, par définition, une machine qui s'élève, car c'est une hélice à axe vertical.

Le premier hélicoptère paraît être celui que Launay et Bienvenu présentèrent à l'Académie en 1784 ; il était formé de deux hélices superposées tournant en sens contraire.

Vers 1849, Philipps, Marc Séguin, Babinet construisirent plusieurs jouets qui donnèrent grand espoir ; enfin, Ponton d'Amécourt (1863), avec des ressorts de montre, puis Penaud (1871), avec des ressorts en caoutchouc, continuèrent brillamment la série. Mais malgré le nombre et la qualité de ces adhérents, il n'y eut que des jouets qui purent s'élever. Cela tient au faible rendement de l'hélice dans l'air, rendement dont le regretté colonel Renard a exposé devant l'Académie des sciences (23 novembre et 7 décembre 1903) la théorie assez décevante. Il ne faut pas oublier, toutefois, que ce même savant a prédit qu'à partir du moment où le poids des moteurs aurait été réduit à 2 kilogrammes par cheval, la solution serait possible.

En 1905, l'on signalait à Genève d'abord, puis à Paris, l'ascension de l'hélicoptère Dufaux de 17 kilogrammes. C'était là un très beau résultat, car un appareil de ce genre n'était pas tout à fait un jouet.

Depuis, les frères Dufaux ont annoncé la construction d'un hélicoptère avec moteur de cent chevaux, mais jusqu'à présent nous ignorons où en est la chose.

A la même époque, on apprenait la construction de l'hélicoptère Léger avec l'appui de S. A. S. le prince de Monaco. Fin novembre 1906, des expériences non publiques étaient faites au château de Marchais (Aisne). Le résultat de ces expériences ne fut guère connu et, depuis, aucune nouvelle.

Actuellement, en cours d'essais préliminaires, nous signalerons l'hélicoptère Bertin, lequel possède à sa partie supérieure deux hélices verticales, à deux ailes, de 2m80 de diamètre, et à l'avant une hélice tractive de 0m70 de diamètre.

Enfin, l'hélicoptère Cornu, dont les premiers résultats obtenus à Lisieux sont très encourageants. Le 26 mars, M. Paul Cornu s'élevait à 40 centimètres du sol; mais l'inventeur reconnaissait une trop grande légèreté aux organes et décidait de construire un deuxième appareil modifié suivant l'expérience ; nous attendons la nouvelle des essais de cette machine volante perfectionnée.

Arrivons maintenant aux aéroplanes.

Les aéroplanes se composent essentiellement d'une surface que l'on déplace dans l'air avec une grande vitesse. Les partisans des aéroplanes sont ceux qui savent que l'ascension peut être une conséquence du mouvement de translation.

Cela se comprend assez, car lorsqu'un aéroplane flotte dans l'air, c'est que toutes les forces qui lui sont appliquées se font équilibre, et, par conséquent, le laissent libre d'obéir à la moindre force supplémentaire qui d'aventure se fait sentir; il changera de plan à la moindre sollicitation du gouvernail, à la moindre poussée de vent.

Un aéroplane est un cerf-volant qui remplace la traction de la corde par l'effort d'un propulseur. S'il n'y a pas de propulseur, un vent ascendant peut en tenir lieu. S'il n'y a ni propulseur ni vent ascendant, l'aéroplane descend doucement et obliquement vers la terre.

Le premier projet d'aéroplane date de 1843; c'est celui de Henson. Il n'a pu être réalisé qu'en petit et était instable; mais il est intéressant de noter que, sous beaucoup de rapports, il ressemblait de très près à certains modèles d'aujourd'hui.

M. Stringfellow a fait en 1868 un petit aéroplane à vapeur, qui courait avec rapidité sur un fil de fer, mais sans parvenir à quitter ce fil.

M. Jobert faisait, de son côté, en 1869, une espèce de strophéor horizontal armé d'un plan sustentateur; il a vu son appareil, lancé d'une fenêtre, franchir une cour de près de 15 mètres de long.

Nous arrivons ensuite, en 1893, au fameux aéroplane inventé par sir Hiram Maxim; cette machine n'a jamais volé, mais il faut dire qu'elle en a été bien près ; en effet, elle fit un effort appréciable pour quitter le rail-guide qui servait à la maintenir pendant son déplacement en ligne plane, et elle s'endommagea sérieusement.

En 1896, la machine volante du professeur Langley a parcouru, par deux fois, une distance de plus de 800 mètres. Elle ne put enlever son inventeur, mais il faut reconnaître que celui-ci se trouvait dans la bonne voie.

En 1898, le ministère de la guerre français, désireux de posséder une machine volante, expérimentait l'appareil inventé par M. Ader et dénommé *Avion*. Cet appareil était pourvu d'un moteur de 20 chevaux: après une série d'expériences, il parvint réellement à quitter le sol, mais presque immédiatement, il fut pris par un coup de vent, chavira et se brisa.

M. Lilienthal, un Allemand (dont nous reparlerons un peu plus loin), remporta des succès retentissants en sautant de diverses hauteurs, muni d'une paire de très vastes ailes; ceci se passait de 1890 à 1894. En 1899, M. Pilcher, Anglais, refit les mêmes exercices avec un appareil glissant assez semblable; malheureusement, ces deux inventeurs payèrent de la vie leur dévouement à la science.

Toutefois, ils ont pu démontrer que le succès pouvait être cherché dans la machine glissante.

La même année, un Australien, M. Hargrave, inventait un appareil du même genre et qui présentait tous les avantages de la simplicité; l'un des modèles parvint à s'élever porté par le vent.

En 1902, un Américain, M. Octave Chanute, inventait un appareil de glissement très simple, et s'en servait pour faire un grand nombre d'expériences couronnées de succès.

C'est en fait Lilienthal qui a trouvé la méthode pour apprendre à voler. Il avait construit quantité de petits planeurs et il connaissait la difficulté de leur équilibre. Il avait observé les cigognes de son pays et il savait que certains oiseaux volent sans donner un coup d'aile, donc sans moteur.

Contrairement à tous les inventeurs, il parvenait à cette conclusion que la question du moteur n'est rien, que la question de l'appareil « stable » est tout. Il divise alors le problème en deux : la recherche de la stabilité d'abord, l'adjonction d'un moteur ensuite.

« Supposons, dit Lilienthal, que nous ayons à notre disposition une machine volante parfaite, il est évident qu'il sera tout aussi difficile de la conduire en montant qu'en descendant. Avant tout, apprenons à conduire, et comme il est plus commode d'organiser une machine sans moteur, commençons par descendre. »

C'est là le trait de génie dont il fut pénétré : acquérir les réflexes à l'équilibre « d'abord », construire une machine complète avec moteur « ensuite ».

Cette idée n'a pas été comprise en Allemagne; Lilienthal a été bafoué et peu soutenu; mais sa méthode est d'une telle exactitude qu'elle est l'origine de tous les succès des aviateurs actuels.

Lilienthal a eu une deuxième idée géniale : se servir d'un vent ascendant pour obtenir le départ. Il n'aurait pas suffi en effet de partir en courant du sommet d'une colline pour s'envoler, car la vitesse de 1 à 2 mètres par seconde ainsi acquise eût été insuffisante pour obtenir la sustentation.

D'autre part, ce n'est pas, ainsi que beaucoup de personnes le supposent à tort, un vent horizontal qui permettrait le départ. Ceci conduit directement à déplorer l'erreur qui a été commise par un grand nombre d'aviateurs, qui, pour leurs débuts, ont l'idée de s'élancer soit d'un escarpement élevé, soit même d'un ballon. Cette idée funeste a déjà causé la mort d'un grand nombre d'aviateurs, notamment de Leturr en 1854, et de Groof, en 1874.

Ces aviateurs tiennent deux raisonnements faux. Ils pensent que la plus grande quantité d'air interposée entre la terre et eux les sou-

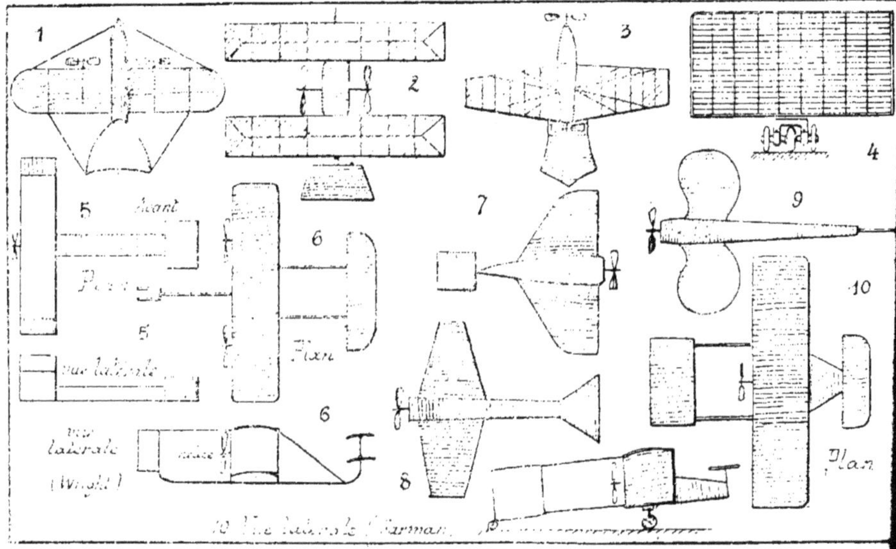

Fig. 8. — Forme schématique des principaux modèles d'aéroplanes essayés jusqu'à ce jour.

1. Tatin. — 2. Langley. — 3. Tatin et Richet. — 4. Philipps. — 5. Premier modèle Santos-Dumont — 6. Wright. — 7. Esnault-Pelterie. — 8. Gastambide Mangin. — 9. Blériot. — 10. Farman (Voisin frères, constructeurs).

tiendra mieux; c'est ignorer ce qu'est un fluide aussi mobile et aussi peu dense que l'air. (Une erreur de même nature est propagée par ceux qui prétendent qu'en eau profonde on surnage plus facilement.)

En second lieu, ils pensent que la durée de chute étant plus grande, ils auront le temps de réfléchir et d'agir en conséquence pour rétablir l'équilibre. C'est ignorer que le rétablissement de l'équilibre demande une action presque instantanée. Le temps que l'intelligence, même la plus prompte, emploie à décider quels mouvements sont utiles est infinement plus grand qu'il n'est permis et quand, enfin, les muscles obéissent, le mouvement produit se heurte à une situation entièrement changée et la catastrophe s'ensuit inévitable.

Tous ceux qui ont employé la méthode due à Lilienthal ont parcouru un certain espace dans l'air; citons-les avec la date. de leurs débuts : Lilienthal, 1891 ; Pilcher, 1896; Chanute, Hering, Avery, 1896 ; capitaine Ferber, 1899; O. et W. Wright, 1900; Robart, 1902 ; Voisin, Burdin, Peyrey, Esnault-Pelterie, 1904.

M. Ernest Archdeacon mettait en 1904, en chantier, un aéroplane du type de Wright. Cet appareil, construit par M. Dargent, était expérimenté par un jeune Lyonnais, M. Voisin, sur le terrain de Beck-sur-Mer ; puis par le capitaine Ferber. M. Voisin parvint à rester 5 secondes un quart en l'air sans gagner beaucoup de terrain en avant ; le capitaine Ferber put faire progresser l'appareil de 15 mètres environ, mais comme celui-ci manquait de stabilité, l'air ayant une fois pris les ailes en dessus, il fit une chute assez rude.

Mentionnons les expériences de M. Esnault-Pelterie, aux environs de Boulogne, au mois d'août 1904 ; de Paulhan et Peyret, avec un appareil type Langley ; de Solirène, à Montpellier ; de Berger et Berger et Gardet à Lyon ; du major Garden-Powell, dans les jardins du Cristal-Palace, à Londres ; de Bazin, à Paris; de Robart, à Amiens.

L'aéroplane de Santos-Dumont nous amène à la période actuelle.

Le 23 octobre 1906, le premier en France l'aéronaute brésilien parvenait à quitter le sol sur un « plus lourd que l'air ».

Ce jour-là, il réussissait un vol de 25 mètres.

Le 12 novembre suivant, il élevait son record à 220 mètres.

Ces résultats qui paraissent aujourd'hui médiocres, ne devaient pas être égalés pendant tout une année, et c'est seulement le 26 octobre 1907 que Farman battait enfin la distance de Santos-Dumont par 770 mètres.

Depuis, les progrès ont été considérables.

Successivement, le record passait à 1.000 mètres, grand Prix Deutsch-Archdeacon, gagné par Henri Farman, le 13 janvier 1908. 2,004 mètres, en 3 m. 31 s. par Farman, le 31 mars 1908 ; enfin il effectuait le premier voyage aérien de ville en ville en se rendant le 30 octobre 1908 du camp de Châlons à Reims en 20 minutes franchissant, avec une vitesse de 78 kilomètres à l'heure la distance (27 kilom.) qui sépare ces deux points, se maintenant à peu près pendant tout le parcours à une hauteur de 30 à 50 mètres au-dessus du sol ;

M. Henri Farman pilotait l'aéroplane de MM. Gabriel et Charles

Voisin dont nous donnons plus loin (page 69) une description complète.

Enfin M. Delagrange a fait 3.925 mètres le 11 avril 1908; 12.750 m. le 30 mai 1908 à Rome et 24.125 mètres à Issy-les-Moulineaux, le 6 septembre 1908, Louis Blériot sur l'Aéroplane-Monoplan dont il est le constructeur et le pilote, quittait Toury (Eure-et-Loir), le 31 octobre 1908 à 2 heures 50, se rendait à Arthenay à 14 kilomètres de distance, et revenait à son point de départ à 5 heures du soir après deux escales causées par de légères pannes de moteur.

Ces dernières performances, enregistrées moins de deux ans après le premier vol régulièrement contrôlé, accompli par Santos-Dumont, disaient suffisamment tous les progrès accomplis depuis cette époque, et permettaient d'envisager pour l'aviation le plus brillant avenir.

Aéroplanes Wright. — Mais, déjà, les frères Wright, mécaniciens américains qui, dès l'année 1904, avaient accompli à Dayton (Ohio) des vols prolongés de plus d'une demi-heure, allaient rentrer en scène et prouver par des expériences répétées qu'ils n'avaient nullement exagéré dans le récit de leurs promesses, et qu'ils avaient, bien avant cette époque, obtenu des résultats incomparablement supérieurs à ceux de tous les aviateurs européens.

Le premier aéroplane des frères Wright réussit le 17 décembre 1903 un vol de 260 mètres, se maintenant dans l'espace pendant 59 secondes; le 20 septembre 1904, avec un nouvel aéroplane ils firent, pour la première fois, un trajet décrivant un cercle fermé, et deux vols de près de 5 kilomètres; après deux années consacrées à modifier et à améliorer leurs appareils et sa direction, ils reprirent leurs expériences, et les résultats communiqués le 12 mars 1906 à l'Aéro-Club d'Amérique (18 kilomètres parcourus le 26 septembre, 20 kilomètres le 29 septembre, 24 kilomètres le 3 octobre, 33 kilomètres le 4 octobre, 39 kilomètres le 5 octobre, dans des espaces de temps compris entre 18 et 38 minutes) montrent combien étaient sérieux les perfectionnements apportés au moteur, à la direction et à la stabilité.

C'est le 8 août 1908 que Wilbur Wright exécuta son premier essai en France, au champ de manœuvre des Hunaudières, près du Mans, en présence d'une foule de notabilités du monde de l'aviation, accourues pour juger de la véritable valeur de l'appareil, de la supériorité duquel beaucoup doutaient. Ce premier vol eut une durée de trois minutes seulement. Pendant les jours qui suivirent, Wilbur Wright exécuta de nombreux circuits de cinq minutes de durée en moyenne, qui démontrèrent pleinement les qualités réelles et la docilité de l'appareil. Voici ce que dit, à propos de ces premières expériences, M. Franz Reichel, le sportsman bien connu :

« Le doute n'est plus permis désormais. Wilbur Wright et Orville Wright ont bien volé, autant et aussi souvent qu'ils l'ont voulu.

« Depuis six ans ils avaient volé qu'alors seulement nous commencions à voleter. L'avance prise sur nous ils l'ont gardée et, sans vouloir en rien diminuer la valeur de ce que nos aviateurs Blériot, Farman, Delagrange, Esnault-Pelterie, Zens, Mangin, Gastambide et d'autres ont fait en France, on est bien obligé de reconnaître qu'il y a tout un monde entre leurs appareils et celui des Wright.

« Pour ne parler que des deux plus connus, les cellulaires de Farman et de Delagrange, dont les performances officielles ont révolutionné l'opinion universelle, ils sont, si on les compare à l'aéroplane Wright, des instruments ingénieux sans doute, mais rudimentaires, en dépit d'une exécution compliquée, et compliquée parce qu'on n'a pas su solutionner simplement et mécaniquement les différents problèmes soulevés. »

Remarquons, toutefois, en passant, que cette opinion enthousiaste n'est pas celle d'autres spécialistes aussi compétents que le reporter du *Figaro,* notamment de M. Tatin, le doyen des aviateurs français qui reproche, non sans apparence de raison, à l'aéroplane Wright son agencement défectueux qui donne naissance à une grande résistance supplémentaire bien inutile, les Américains ayant entièrement négligé de faire de leur machine un véritable projectile. Voici d'ailleurs la description sommaire de ce système sur les détails duquel nous reviendrons plus loin.

L'envergure des plans parallèles, tendus de toiles légèrement concaves, atteint douze mètres cinquante. A l'avant se trouve un gouvernail horizontal de profondeur également biplan ; encore biplan, le gouvernail de direction à l'arrière. Ce dispositif termine l'appareillage. Les aéroplanes Wright n'ont pas de queue. Entre les plans distants de 2 m. 40, se trouve le moteur à 4 cylindres de 25 chevaux de puissance œuvre exclusive des frères Wright. A droite du moteur, un radiateur en tubes plats en cuivre ; à la gauche, les sièges du pilote et du passager et le levier, dont la manœuvre des plus simples tord à gauche les ailes et procure l'indispensable stabilité. Partout des poulies, sur lesquelles glissent ingénieusement des fils d'acier, qui déterminent les mouvements nécessaires. Le moteur transmet son énergie à deux hélices tournant en sens inverse au moyen de chaines courant dans les tubes d'acier qui les guident. Ces hélices, de 2 m. 50 de diamètre, travaillent à l'arrière ; elles sont en bois. Deux longs patins supportent l'ensemble à 40 centimètres au-dessus du sol.

Pour en revenir aux expériences de Wilbur Wright, il faut rappeler que le célèbre Américain, abandonnant les Hunaudières, fit transporter sa machine volante, avec son pylone et son rail de lancement, au camp d'Auvours et qu'il s'appliqua, à partir du 3 septembre 1908, à réaliser les vols de longue durée imposés pour l'achat de ses brevets par M. Lazare Weiller, le grand industriel qui offrait une somme de 500.000 francs pour l'acquisition de cette propriété.

Le premier essai eut lieu le 3 septembre et dura 10 minutes 40 secondes, en cercle. Dans les jours suivants, le moteur eut des pannes et son conducteur dut à plusieurs reprises le modifier. Enfin il le remit au point et peu de temps après, le 21, il enleva tous les records du monde de durée et de parcours en franchissant sans arrêt une distance chronométrée de 90 kilomètres en 1 h. 31 minutes 25 secondes 3 5. Les jours suivants, Wright, donna la preuve indiscutable de la force portante de son appareil en enlevant en même temps que lui un second voyageur. De nombreuses personnes purent ainsi goûter les charmes du vol aérien, notamment M. Léon Bollée, le célèbre ingénieur manceau qui ne pèse pas moins, cependant, de 108 kilogrammes et fut enlevé sans la moindre difficulté à bord de l'aéroplane. Enfin, dans un dernier vol non moins remarquable que le précédent, le 30 septembre, Wilbur Wright fournissait une partie des preuves exigées par M. Lazare Weiller et gagnait 250.000 francs sur les 500.000 convenus pour la cession de ses brevets relatifs à l'aviation.

Il doit maintenant, pour terminer les termes du marché, dresser trois pilotes capables de diriger avec facilité son appareil.

En même temps que Wilbur exécutait ses magnifiques performances en France, son frère Orville, resté aux États-Unis, se livrait de son côté à des démonstrations pratiques analogues, dans le but de céder la licence de l'invention à l'Administration militaire de l'Union. Le 9 septembre, Orville volait pendant 57 minutes 37 secondes en présence d'un nombreux public. Le 11, la durée du vol atteignait 1 heure 10 minutes 20 secondes. Le 17, il enlevait avec lui le lieutenant Thomas Selfridge, fils de l'amiral de ce nom, mais après quelques instants de marche, l'une des deux hélices se rompit en pleine vitesse, l'aéroplane capota et fut précipité lourdement sur le sol d'une hauteur de 15 mètres. Le lieutenant Selfridge fut tué net et l'infortuné aviateur eut la jambe brisée au-dessus du genou. Le martyrologe de la navigation aérienne s'augmentait encore d'un nom de plus.

Malgré tout, l'élan est donné et ne se ralentit plus ; dans tous les pays cette catastrophe n'a nullement mis un frein au zèle et à l'ardeur des chercheurs. Voici une revue rapide des appareils actuellement en cours de construction ou d'essai :

Aéroplane Ferber. — Cet appareil est, comme le Wright, le Delagrange et le Farman, du type biplan, c'est-à-dire à deux surfaces portantes superposées, disposition imaginée il y a quinze ou vingt ans par le professeur américain Chanute. Outre ces deux surfaces, le Ferber comporte, à l'arrière, un léger stabilisateur et un double gouvernail. L'hélice, actionnée par un moteur de 50 chevaux, est à l'avant elle est donc tractive. Le système entier est porté sur deux roues placées en tandem, c'est-à-dire l'une derrière l'autre.

Dans tous les essais, l'aéroplane Ferber a toujours accusé une très grande stabilité et une remarquable facilité à prendre son vol.

Officiellement contrôlé par MM. Demanest et Fournier, représentant de l'Aéro-Club, M. Legagneux qui montait l'appareil, prit son vol. Il devait parcourir 200 mètres ; il en franchit 256 en 2 minutes 23 secondes 3 5. Il s'adjugeait donc largement le troisième prix des 200 mètres, le seul restant à gagner, attendu que les deux précédents avaient été remportés par MM. Delagrange et Blériot.

Le capitaine Ferber, qui assistait à l'épreuve, fut le premier à féliciter l'heureux aviateur qui, à n'en pas douter, nous réserve de prochaines et sensationnelles surprises.

Monoplan Kapférer III. — Cet aéroplane dérive du type de Langley ; il est achevé et va être prochainement essayé. Son fuselage (longueur : 11 mètres) supporte deux paires d'ailes montées en escalier, tendues de papier entoilé, verni. Elles ont 2 mètres de largeur, 32 mètres carrés de surface totale, et 8 m. 70 d'envergure. Leur bord postérieur présente quatre légères courbures permettant l'échappement de l'air.

Moteur R. E. P. 35 chevaux, actionnant une hélice à deux branches de 2 m. 40 de diamètre. Suspension très élastique reposant sur trois roues porteuses. Poids, monté, avec 20 litres d'essence : 410 kilos. Les gouvernails de profondeur et de direction sont réunis à l'arrière en un dispositif cruciforme fort ingénieux.

Aéroplane Gastambide-Mengin. — Le Gastambide-Mengin est muni d'une queue à l'arrière et actionné par un moteur *Antoinette* de 40 chevaux. L'hélice unique est à l'avant. Les deux ailes ont une envergure totale de 10 mètres. Tout le système roule au départ sur quatre roues. Dans une première envolée d'essai, cet appareil a effectué, sur la plaine d'Issy-les-Moulineaux, un parcours avec virage de cinq à six cents mètres et a repris terre sans à-coups. La vitesse était de quarante kilomètres à l'heure environ.

Monoplan Auffm-Ordt. — Cet appareil est muni d'un moteur R. E. P. de 35 chevaux, 7 cylindres en éventail, est constitué par un plan de 8 mètres d'envergure, de 2 m. 50 de surface, légèrement concave en dessus à l'extrémité des ailes. Surface totale : 20 mètres carrés. Ce plan offre une particularité toute nouvelle : à 1 m. 20 de leur point de jonction, les deux ailes forment une nouvelle partie sustentatrice mobile, indépendante de la première partie, qui est fixe. Les montants reliant les prolongements à l'axe longitudinal du plan leur permettent d'osciller librement sur cet axe, d'assurer automatiquement l'équilibre transversal.

A l'arrière, à l'extrémité d'une simple perche haubannée, se trouve une petite cellule stabilisatrice à l'intérieur de laquelle est disposé le gouvernail de profondeur ; à l'arrière-plan de la cellule, le gouvernail vertical de direction.

Le moteur figure la tête de l'appareil ; le pilote se tient dans un coke-pitt placé sous le plan fixe ; le tout est supporté par un bâti amortisseur à trois roues porteuses, dont deux à l'avant, une à l'arrière. La roue d'arrière est munie d'un frein. Hélice tractive à deux branches. Diamètre : 2 m. 20.

Le poids total du monoplan monté atteint 300 kilos.

Le monoplan a fait ses débuts le 24 avril 1908. Le vent soufflait violemment, aussi dut-on, pour sortir l'appareil, attendre une accalmie qui ne se produisit qu'au crépuscule. M. Clément Auffm-Ordt fit trois essais, au sol, naturellement, afin de se familiariser avec le maniement tout nouveau d'une machine volante. L'aéroplane fila sur l'herbe, entraîné par son moteur dont le fonctionnement fut parfait. De même, l'ingénieux dispositif de la partie sustentatrice ne laissa rien à désirer. Il y a tout lieu de croire que ce dispositif ne perdra rien de ses qualités en plein vol. Nous le souhaitons vivement. Il constituerait, en effet, un progrès notable dans l'étude d'un délicat problème : la stabilité.

Aéroplane Bonnier-Labranche. — Ce nouveau venu est dû à l'intelligente collaboration des frères Bonnier-Labranche. C'est un immense aéroplane, d'une surface totale de 80 mètres carrés. Certaines particularités de cet appareil sont intéressantes. Tout d'abord les ailes, au lieu d'être planes, sont légèrement incurvées, ce qui, dans l'esprit des inventeurs, doit assurer un meilleur appui sur l'air.

L'arrière comprend une cellule servant de stabilisateur, à l'extrémité de laquelle une sorte de « queue d'hirondelle ou de pigeon », mobile, remplit les fonctions de gouvernail de profondeur. L'ensemble du système est propulsé par un moteur extra-léger de 80 chevaux, pesant une centaine de kilogrammes.

L'aéroplane Bonnier-Labranche est maintenant complètement terminé et ses premiers essais vont avoir lieu incessamment.

Aéroplane Walther Bulot, de Tournai. — Cet appareil se compose d'un corps triangulaire et en forme de cigare composé de barres de bois de frêne ou noyer, reliées par des goussets en aluminium ; la rigidité complète est obtenue par des fils d'acier croisés et raidis par des tendeurs.

Le corps de l'appareil porte à la partie supérieure un second châssis basculant et supportant l'ensemble des ailes constituant les plans portants de l'appareil — il y en a 6 à 8 suivant la grandeur et la force de l'aéroplane, ces plans ont la forme des ailes de la mouette en plein vol et ils sont disposés par paire.

A l'arrière de l'appareil on remarque une queue, constituée de deux plans disposés en tandem et articulés de façon à relever et à abaisser ces plans et par conséquent faire cabrer l'appareil et provoquer la descente ou la montée de l'aéroplane — un autre mouvement se produit aussi par un dispositif particulier ; on déplace le centre de gravité en portant la queue à droite ou à gauche en même temps que le gouvernail d'avant est tourné — de cette façon les virages se font avec grande facilité ; — disons aussi que la queue de l'appareil reçoit les mêmes mouvements d'oscillations sur son axe que les ailes portantes — malgré les manœuvres de descente, montée ou direction horizontale.

Ceci indiqué, passons au mode de propulsion et de départ.

Le corps de l'aéroplane est monté sur trois roues, deux avant montées à ressorts et une, arrière, pivotante comme une roulette de fauteuil. Le moteur 8 cylindres, de la force de 30 chevaux, pèse 45 kilos en ordre complet de marche (essence pour une heure), commande deux hélices de propulsion attaquées par des chaines et une hélice de soulèvement attaquée par engrenages et un petit débrayage. C'est grâce à l'hélice portante supplémentaire que l'appareil s'enlève presque de suite du sol.

Le poids total de l'aéroplane est d'environ 350 kilos.

Aéroplane système Blanc. — Ce modèle a fait ses débuts, le dimanche 29 mars, sur le champ de manœuvre de Rouet (Marseille). Cette expérience préliminaire n'avait pour but que l'essai du moteur. Ce moteur a parfaitement fonctionné et l'appareil, monté par M. Blanc, a roulé à bonne allure sur le terrain.

Le monoplan Blanc est constitué par deux plans, disposés en tandem, d'une surface totale de 45 mètres carrés. Moteur R. E. P., 35 chevaux, 45 kilos. Diamètre de l'hélice : 2 mètres, pas : 1 m. 20. Poids total : 280 kilos.

Aéroplane système Fritzch. — Le lieutenant de vaisseau Fritzch vient de construire, à Kiel, un aéroplane. La partie d'arrière a la forme d'une queue d'oiseau et elle est tenue en équilibre par une surface horizontale qui en augmente la stabilité. Un gouvernail vertical dirige l'aéroplane dans le sens horizontal.

La surface totale de la machine volante est de 32 mètres carrés. Un moteur de 70 chevaux met en mouvement une hélice placée à l'avant et qui fait 1.200 tours à la minute.

Tout l'appareil est monté sur trois roues : deux devant et une derrière.

Nous pourrions encore donner d'autres descriptions d'appareils en cours d'étude, mais il faut savoir se borner et nous ne mentionnerons plus, pour terminer cette revue succincte, que du *gyroplane* que MM. Louis Bréguet et le docteur Richet, membre de l'Institut, ont inventé : c'est un appareil d'élévation et de sustentation basé sur le principe du gyroscope. Les inventeurs ont procédé, fin 1907, à l'établissement d'un nouveau gyroplane, perfectionnement du premier. Le n° 2 affecte dans une partie de sa structure la forme du corps d'un grand oiseau. et les hélices, au nombre de 4 dans l'appareil d'expérimentation, ont été réduites à 2.

Cet appareil a commencé ces jours derniers ses essais préliminaires après une mise au point très sévère. Le 26 juillet, après une première course de quelques mètres, au milieu d'un champ de betteraves, à proximité des ateliers, l'appareil a été mis en route une deuxième fois.

Après avoir parcouru une quinzaine de mètres, — 20 mètres au maximum, — le gyroplane, malgré l'état presque impraticable du terrain où il se trouvait, puisque la culture est actuellement très avancée. a acquis une vitesse évaluée à environ 30 kilomètres à l'heure et s'est élevé franchement et très rapidement à une hauteur de 3 à 4 mètres.

L'engin, dont c'était le premier vol, a décelé une tendance à se cabrer, et le pilote, l'ingénieur Volumard, a jugé prudent de couper l'allumage ; il s'ensuivit un atterrissage assez brutal, qui faussa quelques pièces.

Prochainement, les essais reprendront, après quelques modifications à l'empennage arrière.

Si nous voulons conclure maintenant sur ce sujet si vaste que nous n'avons fait, en réalité, que l'effleurer, nous dirons que, du prodigieux mouvement qui se dessine, sortira infailliblement la solution définitive du problème de la navigation aérienne qui n'avait pu, jusqu'au vingtième siècle, être complètement élucidé faute des moyens matériels de réalisation. Nous sommes, encore actuellement, en pleine période de tâtonnements et d'essais, mais le succès final est maintenant certain, et, du train où vont les choses, avant qu'il soit longtemps la locomotion aérienne sera devenue aussi banale que les tramways électriques et les automobiles.

CHAPITRE III

LES LOIS DE L'AVIATION

Le problème de l'aviation semble, de prime abord, se diviser en deux parties correspondant chacune à l'étude des moyens à employer pour fournir les forces nécessaires : 1° pour soutenir en l'air un corps grave; 2° pour animer ce corps d'un mouvement horizontal. Ce sont, en réalité, deux problèmes distincts qu'il s'agit de résoudre : la *sustention* et la

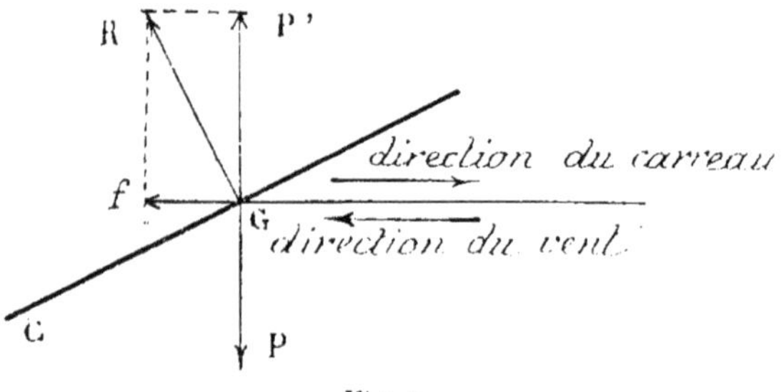

Fig. 9.

direction, et, par conséquent, les difficultés sont beaucoup plus grandes qu'avec les ballons, ceux-ci fournissant déjà, par des moyens statiques, la sustention. D'autre part, les moteurs doivent être encore plus puissants et plus légers, car ils ont un double travail à effectuer; celui fournissant la progression et celui assurant la sustention. Dans les aéroplanes, l'ascension de la machine étant produite par la propulsion d'une

surface convenablement inclinée, les deux parties du problème n'en
font en réalité qu'une, et on peut donner la théorie suivante du fonctionnement de l'aéroplane en mouvement :

Prenons un plan CC (fig. 9) animé dans l'air, grâce à l'effort d'un
moteur, d'une vitesse horizontale et constante V, sous un angle
d'attaque α. Supposons que ce plan est relié à un corps, à une nacelle
qu'il s'agit de soutenir et faire progresser en même temps, soit P le
poids de l'ensemble de l'appareil, S la surface du plan, et admettons,
bien que la chose ne soit pas exacte, que le centre de poussée coïncide
avec le cendre de gravité du plan, comme cela a lieu dans un cerf-
volant. La composante de soulèvement P′ que fournit la résistance R
du vent et, ainsi que le montre la fig. 8, telle que

$$P' = R \cos \alpha$$

et comme

$$R = KSV^2 \sin \alpha$$

il en résulte que cette composante de soulèvement peut s'écrire sous la
forme :

$$P' = \frac{1}{2} KSV^2 \sin 2\alpha$$

qui montre que P′ croît avec SV et α tant que α ne dépasse pas, bien
entendu, 45° d'obliquité. Le poids supporté par une surface de sustention est donc, d'après cette formule, proportionnel à l'aire de cette sur
face, au carré de la vitesse dont elle est animée, et il augmente avec
l'angle d'attaque. Par conséquent, en donnant à la vitesse de propulsion
du plan une valeur convenable, on pourra toujours arriver à soutenir
l'ensemble, la population accompagnant la sustention et réciproquement.
Cette vitesse s'obtiendra, d'ailleurs en écrivant qu'il y a équilibre entre
la composante de soulèvement P′ et le poids P du système, ce qui
donne la relation :

$$\frac{1}{2} KSV^2 \sin 2\alpha = P, \text{ d'où}$$

$$V = \sqrt{\frac{2P}{KS \sin 2\alpha}}$$

le coefficient K ayant ici la valeur 0,15.

On s'explique aussitôt pourquoi les ballons dirigeables se trouvent
éliminés dès qu'on parvient à les animer d'une vitesse propre de 15 à
20 mètres par seconde ; ils n'ont plus de raison d'être et on peut leur
substituer une simple surface glissant sur l'air. Si l'on veut ensuite

déterminer le travail qu'il faut dépenser dans l'unité de temps, ou, ce qui revient au même, la puissance que doit fournir un moteur pour atteindre la vitesse indiquée par la formule, ce travail est donné par la relation $T = f \times V$, dans laquelle f étant la composante horizontale Gf de la force GR, composante égale et opposée à la *force propulsive* qui doit imprimer au plan le moteur employé, puisque le mouvement est supposé uniforme. Mais $f = R \sin \alpha$, le travail moteur est indique, par suite, par la relation :

$$T = R \sin \alpha \, V,$$

où, en remplaçant R par sa valeur,

$$T = KSV^3 \sin^2 \alpha$$

En remarquant que $V4 = \dfrac{4}{K^2} \dfrac{P^2}{\sin^2 2\alpha \, S^2}$, la formule peut s'écrire en définitive :

$$T = \frac{P^2}{KSV \cos^2 \alpha}$$

On voit que T augmente proportionnellement au carré de P, diminue proportionnellement à S et V et diminue aussi avec l'angle α. De là trois principes que l'on peut énoncer :

1° La puissance nécessaire à la sustention et à la propulsion d'un plan est, toutes choses égales par ailleurs, proportionnelle au carré du poids et en raison inverse à la surface de soutien. Celle-ci doit donc être aussi légère que possible par unité de surface.

2° La puissance nécessaire à la sustention et à la propulsion d'un plan est inversement proportionnelle à la vitesse, qui doit être aussi grande que possible.

3° Enfin la puissance nécessaire à la sustention et à la propulsion d'un plan est d'autant plus petite que l'angle d'attaque est plus faible. Ces conclusions s'appliquent également à peu près à la force de propulsion ou de traction, cette force égale et opposée à la résistance de sustentation $R \sin \alpha$ étant en effet donnée par la formule :

$$f = \frac{T}{V} = \frac{P^2}{KSV^2 \cos 2\alpha}$$

et qui atteint son minimum quand

$$\frac{P^2}{KSV^2 \cos^2 \alpha} = K'S'V$$

Le regretté colonel Ch. Renard a donc, en partant de ces considérations, énoncé les théorèmes suivants :

1° Le travail nécessaire à la propulsion et à la sustention d'un aéroplane, dans l'unité de temps, est minimum lorsque la résistance du sustenteur est égale à trois fois la résistance de l'esquif.

2° La force de traction nécessaire à la propulsion et à la sustention d'un aéroplane, est minimum lorsque la résistance du sustenteur est égale à la résistance de l'esquif (1).

Si l'on applique ces données à un appareil, on remarquera que la résistance de l'air sera différente suivant que le plan se déplace en restant normal à la direction qu'il suit ou bien qu'il occupe, par rapport à cette direction, une position inclinée. Nous ne pouvons que rappeler succinctement ici les résultats qui ont été obtenus par l'expérience et par le calcul. Si nous appelons Rn la résistance de l'air dans le cas où le plan est perpendiculaire à sa direction d'avancement, et Ri la résistance dans le cas où il fait avec cette réaction un angle i, le rapport de Ri à Rn a pour expressions :

$$(2)\ \frac{Ri}{Rn} = \sin^2 i$$

$$(3)\ \frac{Ri}{Rn} = \sin i$$

$$(4)\ \frac{Ri}{Rn} = \frac{2\pi \sin i}{4\pi \sin i}$$

$$(5)\ \frac{Ri}{Rn} = \frac{(4 + \pi) \sin i}{4 + \pi \sin i}$$

$$(6)\ \frac{Ri}{Rn} = \frac{2 \sin i}{1 + \sin^2 i}$$

$$(7)\ \frac{Ri}{Rn} = \sin i + \frac{1}{1 + \mathrm{rg}^2 i}$$

(1) Banet Rivet, l'*Aéronautique*.
(2) Newton et Euler.
(3) Marey.
(4) Rayleigh.
(5) Gerlach.
(6) Duchemin.
(7) Soreau (la valeur de π (pi) $= 3,14$). Chanute a obtenu 0,6, Farman et Delagrange, 0,67, Ferber en 1904, 0,7, et Santos-Dumont, 0,4.

Dans toutes ces formules, Rn a pour expression KSV² et dépend donc de la surface, de la vitesse et de la valeur du coefficient K dont la détermination n'est pas encore faite d'une façon absolue. De nombreux expérimentateurs, entre autres M. Eiffel, s'en sont occupés, mais les conditions n'étant pas les mêmes que celles où se trouve un appareil d'aviation en mouvement dans l'air, les chiffres obtenus sont peu probants. Il en résulte que l'une des premières et des plus importantes recherches à accomplir pour l'avancement de l'aviation est précisément la détermination exacte du coefficient K. Ainsi que l'a clairement indiqué M. Armengaud : « Il faut tout d'abord étudier de très près les lois du mouvement des fluides, branche de la science que l'on appelle l'aérodynamique. Pour l'air en particulier, les molécules, qui sont très mobiles, glissent les unes sur les autres, et elles n'agissent pas sur les plans suivant des filets parallèles ; il se produit, surtout lorsque le plan se déplace obliquement dans l'air, des espèces de remous, des déviations dont on ne tient pas compte dans les expériences, ou tout au moins qui en changent à chaque instant les conditions et qui vicient les mesures que l'on veut obtenir. Ce n'est pas seulement le choc direct et les déviations des filets d'air communs dans les turbines, mais certainement encore le frottement du fluide sur la surface alaire qui contribuent à déterminer la résistance. En outre, il faut tenir compte de la forme et de la courbure de la surface. Ce n'est pas inutilement que la nature a donné à l'aile de l'oiseau une forme particulière. »

En considérant le cas le plus simple dans nombre d'expériences faites sur la résistance de l'air, on part d'un plan d'épaisseur négligeable que l'on nomme *carreau* en langage technique, et qu'on fait déplacer, tantôt normalement ou suivant une direction orthogonale par rapport au plan, et tantôt suivant une certaine obliquité, c'est-à-dire avec un angle d'attaque déterminé (désigné par i dans les formules). En résumé, on admet généralement, pour la valeur de K = 0,069 à 0,088, pour des surfaces planes simples, soit 0,085 en moyenne, et bien que certaines expériences aient donné (à Lilienthal, entre autres) 0,13.

Si nous adoptons la valeur moyenne de 0,6, nous pourrons établir la formule suivante, dans laquelle P est le poids, exprimé en kilogrammes, que peut supporter dans l'air une surface oblique S évaluée en mètres carrés, se déplaçant avec une vitesse V, donnée en mètres par seconde, et un certain angle d'attaque Y, exprimée en partie du rayon.

$$P = 0{,}6 \, SV^2 \, Y$$

En remplaçant les lettres par des chiffres, pour donner un exemple

numérique, si nous supposons que S = 50 m. 2 ; V = 13 mètres et
Y = 0,1, ce qui correspond à un angle d'attaque de 6°, l'aéroplane
pourra supporter une charge de 507 kilogrammes, car :

$$507 = 0,6 \times 50 \times 13^2 \times 0,1$$

Le capitaine Ferber a établi une théorie mathématique de l'aéroplane
très complète, en utilisant une méthode indiquée par le professeur
Bryan de l'Université de Bangor, et, d'après ce savant aviateur, les
formules indispensables pour établir un projet d'appareil peuvent se
réduire à 5, la première étant donnée par la condition fondamentale
de sustention énoncée plus haut : $KSV^2 \sin \alpha = P$, $\sin \alpha$ entrant même
dans la formule qui s'écrit tout simplement : $KSV^2 = P$, le coefficient
K actuellement admis étant de 0,6 et susceptible de s'améliorer. La
deuxième formule répond à la condition de traction : $F = \dfrac{P}{m}$, F étant
l'effort, exprimé en kilogrammes, nécessaire pour faire voler un aéroplane, et répondant à un coefficient pouvant varier de 3 à 5. Il en
résulte que le travail moyen *théorique* en kilogrammètres néces-
saire pour un aéroplane, est $\dfrac{PV}{4}$, et, en comptant sur $\dfrac{1}{2}$ pour le rendement du propulseur, le travail à fournir pourra être égal à $\dfrac{PV}{2}$.

La troisième et la quatrième formules sont relatives au propulseur,
et, pour une hélice de diamètre d exprimé en mètres, avec h pour rapport du pas au diamètre, et n comme nombre de tours par seconde,
donne une traction F (en kilogrammes) et un travail absorbé T (en
kilogrammètres).

$$F \times \alpha\,h\,r\,n^2\,d^4$$
$$T = (\beta\,h^2\,r + \beta')\,n^2\,d^5$$

α, β. β', sont des coefficients qui, dans certaines hélices essayées par
le capitaine Ferber, ont pour valeur = 0,033 — 0,027 — 0,003.
La dernière équation est la définition du recul relatif r qui figure
dans ces formules.

$$r = \frac{r\,h\,d - V}{n\,h\,q}$$

Le poids total P de l'appareil ayant été fixé d'avance, on est limité
pour le moteur, dont T est connu. La vitesse V ne peut dépasser un
certain maximum. La surface S se déduit d'après la formule 1, la traction par 2 : enfin si l'hélice est en prise directe, n étant donné, les trois

dernières équations donnent les trois dernières inconnues r h d, et leur résolution fournit les dernières données servant de base aux calculs.

Telles sont, sommairement exposées, les lois fondamentales de la navigation aérienne par les procédés purement mécaniques de l'aviation, et les formules mathématiques auxquelles on peut se fier pour déterminer les premiers éléments d'un appareil. On voit donc, en résumé, que le fonctionnement des aéroplanes s'appuie entièrement sur le phénomène de la résistance de l'air, qui fournit la composante nécessaire au soulèvement et à la progression du plan.

Nous ne donnerons pas davantage de calculs et de formules, car en pareille matière, il est bon d'être circonspect ; c'est d'ailleurs l'avis de plusieurs maîtres de la science contemporaine, et à ce sujet on peut rappeler les sages paroles de l'illustre professeur Marey dans l'introduction de son ouvrage la *Machine animale* :

« L'intervention des mathématiques, dit-il, est prématurée, tant que l'étude de la nature et l'expérimentation n'auront pas fourni les données précises qui peuvent servir de solides points de départ aux calculs de ce genre. » M. Tatin, un des apôtres de l'aviation, a dit de son côté : « Je n'ai jamais pensé que la solution du vol mécanique, par quelque genre d'appareil que ce soit, puisse être obtenue par le calcul *seul ;* il m'a toujours semblé que dans des recherches aussi nouvelles et aussi peu connues, l'expérience devait faire apparaître des facteurs imprévus d'abord, mais dont il faudrait tenir compte ensuite en les introduisant dans les calculs nouveaux que cette expérience ne manquerait pas de nous suggérer ; ensuite, nouvelles expériences, nouveaux calculs, etc. La voie ainsi suivie, étant méthodique et scientifique, ne peut que conduire sûrement au résultat cherché et sans risque de s'égarer. » — « Toute théorie qui ne s'appuie pas sur les données de la pratique est boiteuse ! » a écrit M. Emmanuel Aimé. — « Gardons-nous de juger la nature au travers de formules trop absolues ! » a ajouté M. l'ingénieur Pillet. — M. Armengaud jeune, dans son ouvrage sur l'aviation, parle de même : « Ce n'est qu'après des tâtonnements répétés que l'on obtiendra le vol mécanique ». — M. Roux émet une opinion analogue : « Au lieu de partir de règles mathématiques absolues, ne vaut-il pas mieux commencer par l'observation, et subordonner les mathématiques à l'observation ? Il faut chercher des formules en partant de la nature et non pas de l'algèbre. » Il est évident que tous les savants que nous venons de citer sont logiques, et qu'il est bon de n'apporter aux calculs que l'attention qu'ils méritent, comme un simple point de départ, au moins tant que l'expérience n'aura pas élucidé complètement les inconnues qui doivent être solutionnées.

Comme exemple des erreurs auxquelles la théorie mathématique employée exclusivement peut conduire, on peut rappeler les formules établies par le colonel Renard au sujet de la puissance ascensionnelle des hélices, suivant le poids des moteurs devant les actionner. D'après le célèbre officier, le jour où l'industrie serait parvenue à construire des moteurs ne pesant que 1 kilogramme par cheval-vapeur, on pourrait soutenir dans les airs un poids de 160.000 kilog. Ces formules, revues et corrigées par M. l'ingénieur Taffoureau et présentées à l'Académie des Sciences par M. Maurice Lévy, le 1er août 1904, démontraient jusqu'à l'évidence que ce n'était pas 160.000 kilog. que le moteur de 1 cheval pouvait soutenir, mais 677 kilog. seulement. Enfin, le 16 janvier 1908, Henri Farman expérimentant quelle pouvait être la force portante de son aéroplane muni d'un moteur de 40 chevaux, constatait que le départ devenait presque impossible avec une simple surcharge de 31 kilog., ce qui contredisait complètement les résultats des calculs et mettait définitivement à néant les affirmations audacieuses de la théorie mathématique.

Quelles sont donc les conditions rationnelles auxquelles les appareils d'aviation doivent répondre pour fournir aux essais les résultats espérés?... Voici à ce sujet l'opinion de savants des plus autorisés à cet égard, et en premier lieu, de l'ingénieur américain Chanute, professeur des Wright et véritable créateur de l'aéroplane actuel.

« Mon opinion, au sujet des qualités comparatives des biplans et des monoplans en aviation, est la suivante :

Mon avis, très arrêté, est que les biplans présenteront toujours des qualités supérieures de sécurité et d'utilisation pour les raisons que je vais exposer :

1. Ils sont plus stables, par suite de la résistance moindre que trouvent les remous d'air sur leurs surfaces de sustentation, à condition que les arêtes d'attaque soient d'une même longueur totale, ce qui, dans les monoplans, exige une surface plus grande.

2. Parce que les biplans sont plus rigides, plus forts et plus légers pour une même surface, par suite des entretoisements entre les ailes qui, dans les monoplans, exigent, soit une lourde armature pour donner de la force, soit de nombreux tendeurs de métal pour donner de la rigidité.

Les surfaces de sustentation superposées ont été d'abord proposées et brevetées par M. F. M. Wenham en 1866, et dans un rapport très intéressant, lu à la première réunion de la Société aéronautique de la Grande-Bretagne, il spécifia que, puisque l'air les soutient dès le premier contact, il faut que les aéroplanes soient dirigés avec leur côté le plus grand en avant, et que, par conséquent, la construction de la charpente nécessite des bras de grand poids.

Il proposa de remédier à cet inconvénient en superposant une série de plans de façon à obtenir une longueur de bords d'attaque suffisante avec une carcasse très réduite.

Il décrivit également les expériences encourageantes qu'il avait faites avec des machines glissantes établies d'après ce principe, machines qui donnèrent des résultats insuffisants, simplement parce que les surfaces n'avaient pas été rendues rigides par des nervures.

Les surfaces superposées furent expérimentées plus tard par Strinfellow en 1868, par Lindfields en 1878, et, en 1888, par le commandant Renard, qui écrivit sur ce sujet des articles très intéressants dans la *Revue de l'Aéronautique.* D'ailleurs, le commandant Renard montra à l'Exposition de 1889, son parachute dirigeable construit sur ce principe.

Puis, Phillips, en 1893, ne superposa pas moins de quarante surfaces de sustentation dans sa « Jalousie Vénitienne ».

Enfin, Maxim appliqua des surfaces superposées à sa grande machine volante, tandis que Hargrave construisait le cerf-volant cellulaire qui a rendu son nom fameux.

En 1895, Lilienthal, le père de l'aviation moderne, après avoir effectué des vol planés pendant quatre ou cinq ans avec des monoplans, trouva un avantage marqué dans l'utilisation des biplans ; le déplorable accident dans lequel il perdit la vie fut dû simplement à sa négligence. Il n'avait pas tenu en bon état la carcasse de sa machine.

Les dessins et descriptions de mes propres machines volantes, de 1896 à 1902, peuvent être trouvés dans l'*Aérophile* d'août 1903. J'ai fait des expériences avec trois types qui avaient deux, trois ou cinq surfaces superposées, construites comme les fermes des ponts métalliques, de façon à obtenir de la puissance et de la rigidité avec un minimum de matériaux.

Le dispositif le plus efficace se trouva être le biplan principalement parce que tous les bras et toutes les nervures étaient placés en dehors des toiles, ce qui produisait une résistance à l'air plus grande, de façon que moins il y avait d'obstacles saillants, plus efficace se trouvait être l'appareil.

L'idée de superposer les surfaces n'était pas nouvelle. C'était celle de Wenham. Jusqu'à ce moment, les surfaces avaient été très imparfaitement reliées, mais l'assemblage par une « ferme de pont » était mon idée propre, et, quoique cette innovation soit de peu d'importance, les aviateurs n'en appellent pas moins le biplan le « type Chanute ».

Ce type a été, depuis, grandement perfectionné par les Wright et par Voisin. Les frères Wright, à côté de perfectionnements plus grands, ont montré qu'en enveloppant les charpentes et les entretoises dans l'étoffe, la résistance à la pénétration due à l'épaisseur peut être considérablement diminuée, et cela de telle façon que je pense que trois, quatre et cinq plans peuvent être superposés verticalement avec avantage.

Ils ne devraient pas être placés à une distance moindre que les trois quarts de la largeur, tandis que, placés en tandem, c'est-à-dire l'un derrière l'autre, horizontalement, ils doivent être espacés de trois ou quatre fois leur largeur, de façon à éviter des remous qui causeraient une mauvaise tenue de l'appareil.

Il est vrai que dans des expériences de laboratoire, les monoplans ont montré plus de puissance de sustentation au mètre carré que les biplans.

C'est simplement parce que la résistance est plus grande lorsque l'on atteint des angles d'incidences de 15 à 20 degrés ; mais, avec des angles de vols de 5 à 8 degrés, la résistance est petite, tandis que l'équilibre et le contrôle sont meilleurs, sans parler de l'économie de poids pour une même surface et une même solidité.

Je suis, par conséquent, d'opinion que le multiplan sera considéré à juste titre comme le type préférable pour les machines volantes de l'avenir et que les aviateurs qui font leurs expériences avec des monoplans seront bientôt amenés à changer d'idée.

Telle est l'opinion motivée d'un savant qui a beaucoup fait pour l'amélioration des appareils et a formé les premiers conducteurs d'aéroplanes. D'autres chercheurs, notamment M. Ferruccio Brunotti de Rome, ont émis des idées judicieuses sur les dispositions rationnelles à donner aux modèles nouveaux dans le but d'augmenter leurs qualités, principalement la stabilité et le rendement, par une meilleure utilisation de l'énergie motrice.

Voici comment de son côté s'exprime M. Brunotti dans une étude publiée par la revue belge d'aérostation la *Conquête de l'air*. M. Brunotti, contrairement à M. Chanute n'est pas partisan des multiplans.

« Pour être réellement pratique, un aéroplane doit être on ne peut plus simple dans son ensemble ; il en est de même de ses divers organes constitutifs, qui doivent présenter à la fois légèreté et solidité de construction, facilité et rapidité de manœuvre.

« Les surfaces d'appui ne doivent pas être superposées, car cette disposition, bien qu'elle donne de la solidité et occupe un moindre espace, présente l'inconvénient que la surface inférieure unit à la supérieure, en ce sens que l'air, après avoir agi sur la première, n'exerce pas un effet égal sur l'autre, surtout à l'arrière. D'autre part, ces surfaces doivent toutes être planes et se trouver sur un plan horizontal commun ; les gouvernails d'avant et d'arrière sont seuls verticaux. Si l'on veut donner aux superficies d'appui une forme courbe semblable à celle que l'on remarque dans certaines ailes d'oiseau, il faut alors que ces surfaces courbes puissent devenir planes, de même que les ailes des oiseaux quand elles reçoivent le vent, c'est-à-dire lorsqu'elles supportent la réaction de l'air qui a lieu chaque fois que l'oiseau bat des ailes.

« Toutes les surfaces verticales doivent être exclues d'une façon absolue ; elles seraient d'autant plus dangereuses qu'elles se trouveraient plus loin de l'axe de l'appareil. Elles auraient pour effet, en cas de vent transversal, surtout si ce vent était un peu vif, de mettre l'aéroplane en péril d'être chaviré, et il deviendrait alors très difficile de gouverner en virant de bord. C'est là un fait tellement évident qu'il n'a besoin d'aucune démonstration. Un autre enseignement dont nous devons profiter pour perfectionner l'aéroplane, nous est encore fourni par les oiseaux : lorsqu'ils affrontent, à ailes tendues, un grand vent, ou lorsque, par temps calme, ils veulent conserver une grande vitesse (ces deux hypothèses sont équivalentes), afin de ne pas être les jouets du vent, ils tiennent leurs ailes plus serrées vers le corps et déployées de telle façon que, l'une par rapport à l'autre, elles se trouvent néanmoins à peu près sur le même plan. De la sorte, en déviant ou en virant, ils conservent leur vitesse acquise et, quelque violent que soit le coup de vent qu'ils reçoivent, ils en subissent fort peu le choc qui en dérive.

Autrement, ils offriraient, surtout à l'extrémité de leurs ailes, un puissant bras de levier au choc du vent, choc d'autant plus violent que plus grande serait la vitesse, soit de leur vol, soit du vent, ce qui revient au même.

« Dans le cas qui nous occupe, s'il s'agissait, non d'un oiseau mais d'un aéroplane ayant des surfaces d'appui assez étendues sur les flancs et surtout rigides (fortement fixées à l'armature centrale, et par conséquent non susceptibles de céder si peu que ce soit), cet aéroplane, s'il venait à prendre le vent par le travers, tendrait à être chaviré, parce que le vent agissant sur un point fort éloigné de l'axe, agira avec plus d'intensité sur l'extrémité de ce bras de levier et tendra à faire chavirer l'appareil. Et si, sur les extrémités, aux flancs de cet aéroplane, se trouvaient des parois verticales, la situation serait encore plus dangereuse. Ces parois, en outre, favoriseraient les déviations, la dérive, comme disent les marins. Il faut donc, dans les perfectionnements futurs de l'aéroplane, tenir compte de ce qui se passe chez le papillon et disposer une surface d'appui augmentable ou diminuable à volonté. Le papillon, en effet. suivant les nécessités du vol, ouvre ses ailes en les déployant, ou bien les ferme en les repliant, les superposant alors comme les feuilles d'un éventail.

« Si nous admettons pour un moment, conclut M. Brunotti, que l'on ait réalisé le très difficile *desideratum* d'emporter pour l'alimentation du moteur très puissant d'un aéroplane une quantité de matériel *ad hoc* permettant de soutenir un puissant et prolongé développement de force ; renfermés dans le corps de cet aéroplane, nous pourrons lui donner une vitesse uniformément accélérée, de plus en plus rapide, dépassant de beaucoup les vitesses les plus grandes qu'il soit possible de réaliser aujourd'hui. Dans ce vertigineux élan qui nous permettra de traverser des océans immenses, les surfaces d'appui, les plans de l'appareil, devront se replier, disparaître presque, pour se déployer de nouveau dès que la vitesse faiblira, précisément comme font les oiseaux dont le vol est le plus rapide, et les papillons qui plient et déplient à volonté le merveilleux éventail de leurs ailes. Et ainsi l'homme pourra effectuer les plus longues traversées sans fatigue ».

Les considérations qui précèdent paraissent rationnelles, et l'auteur émet certains principes qui semblent susceptibles de fournir des résultats avantageux. Car, il ne faut pas se le dissimuler, les aéroplanes de 1908 sont des engins dont l'agencement est discutable, et qui auront besoin d'être sérieusement améliorés d'après les indications de l'expérience. Pour M. Gobbe, ingénieur belge, les points sur lesquels porte la critique sont les suivants :

« Si l'appareil est constitué par une surface rigide, plane, et que celle-ci soit projetée par un moyen mécanique quelconque, les couches d'air rencontrées par cette surface plane se compriment sur une certaine profondeur. L'épaisseur de la couche d'air ainsi comprimée dépend des dimensions et de la vitesse de l'aéroplane. C'est sur l'inertie de l'air que les couches qui se déplacent prennent leur appui, mais, la force d'inertie étant le produit de la vitesse par l'accélération, et la masse de l'air étant faible, il faut que la vitesse soit grande pour que cette force d'inertie devienne suffisante pour maintenir le plan incliné en l'air. La couche d'air comprimé qui est en contact direct avec l'aéroplane réagit par sa pression sur la surface intérieure et au dessous et c'est surtout cette pression qui équilibre le poids de l'aéroplane. Lorsque les couches d'air qui sont comprimées sous le plan arrivent à l'extrémité de celui-ci, elles se détendent ou remontent derrière pour revenir à la pression atmosphérique. Cette détente se produisant dans l'air, représente une perte de travail d'autant plus grande qu'elle est accompagnée d'un remous considérable des courbes déplacées. Et derrière, et sur les côtés, la même distension de l'air se produit toujours sans que son effet soit utilisé.

« Au-dessus du plan, c'est un autre phénomène qui se produit. Les couches d'air s'infléchissent vers le bas en déterminant un léger vide qui aide, concurremment avec la compression des couches d'air du dessous, à maintenir le plan incliné en suspension dans l'atmosphère. Malheureusement, ce vide se prolongeant sur l'arrière du plan, produit un effort « retardateur » et des remous qui augmentent encore l'effort de propulsion qu'il faut développer pour entraîner le plan dans le sens de la marche. »

M. Gobbe prétend qu'un aéroplane ainsi basé sur des principes qu'il considère comme erronés, ce qui est le cas de la plupart des modèles actuels, ne peut avoir qu'un très faible rendement mécanique, car il n'utilise alors que la force due à la compression de l'air, et qu'il perd tout le travail de la détente de l'air comprimé, lequel est presque égal au travail de compression, plus les pertes dues aux frottements occasionnés par le remous de l'air. Si, au contraire, au lieu de donner à l'aéroplane la forme d'un plan incliné, on lui donne une forme plus étudiée, c'est-à-dire que sa partie inférieure, au lieu d'être plane, soit rendue convexe, tandis que la partie supérieure serait droite et très légèrement inclinée sur l'horizontale, ces deux surfaces étant réunies par des joues latérales, les choses seraient alors très différentes.

« En effet, continue M. Gobbe, les couches d'air rencontrées par cet aéroplane vont d'abord se comprimer en avant sur la partie convexe en soulevant l'appareil et en produisant une certaine résistance à l'avancement, mais l'air, ainsi comprimé en avant, rendra par sa détente, sur la partie convexe en arrière, presque tout le travail absorbé par la compression, tout en produisant un effort de propulsion presque égal à la résistance rencontrée à l'avant. Il en résulte que le travail de propulsion sera égal à la différence qu'il y a entre ces deux forces, et que cette différence sera d'autant plus faible que la vitesse de l'aéroplane sera plus grande, car les points d'appui reculent alors très peu, les couches déplacées s'appuyant sur l'inertie de l'air, laquelle est proportionnelle à la vitesse. La force absorbée par les aéroplanes décroît donc avec la vitesse, contrairement à ce qui se passe sur l'eau, où la résistance augmente rapidement avec la vitesse, et ce parce que l'eau est incompressible tandis que l'air est très élastique. D'après ces principes, l'aéroplane plan au-dessus, convexe en dessous, prend son point d'appui sur l'air à peu près de la même façon qu'un oiseau.

« Lorsqu'un oiseau plane, il allonge le cou et la queue horizontalement, et son corps prend la forme plane en dessus, convexe au dessous, les ailes ont aussi une forme convexe au-dessous dans le sens longitudinal. Même quand les ailes battent, elles conservent toujours la
position qui utilise le mieux la détente de l'air comprimé tout en produisant le moins possible de remous. En effet, pendant la durée du
mouvement descendant, les extrémités des ailes se relèvent, grâce à la
flexibilité des rémiges, de sorte que l'air comprimé se détend en suivant la courbe convexe des plumes. Inversement, lorsque les ailes remontent, leurs extrémités se redressent dans le sens horizontal, car
alors il n'y a plus de détente à utiliser. C'est donc grâce à cette flexibilité des plumes que les ailes se déplacent toujours de façon à utiliser la
détente de l'air comprimé, ou à présenter la moindre résistance possible à l'air lorsqu'il n'y a pas de détente à utiliser. C'est à cause de
cette disposition que les oiseaux peuvent franchir très rapidement des
espaces considérables avec une dépense de travail excessivement
faible. En donnant donc à l'aéroplane cette même forme, il utilisera
l'élasticité de l'air exactement comme l'oiseau et franchira de même
des espaces très étendus avec une dépense de force motrice moindre
que celle nécessitée pour le déplacement d'un véhicule sur la terre ou
sur l'eau, et ce précisément parce que les points d'appui solides ou
même liquides manquent d'élasticité et produisent des chocs, des frottements et des vibrations qui sont très atténuées dans l'air. En résumé,
la grande élasticité de l'air, que l'on avait toujours considéré comme
un obstacle à l'aviation, devient au contraire la cause prédominante
des avantages de ce mode de locomotion, à la condition d'utiliser convenablement cette qualité par un profil convenable donné aux carènes
et aux plans d'appui.

Nous arrêtons ici cette exposition des principes auxquels doit satisfaire une machine volante, et les opinions des spécialistes que nous
avons cités. On voit qu'en résumé, l'aéroplane constitue la solution la
plus aisée de la navigation aérienne, mais que l'on n'est pas encore
bien d'accord sur la meilleure forme à donner aux appareils pour
répondre aux desiderata que l'on peut énumérer comme suit :

1° Stabilité longitudinale et transversale ;

2° Démarrage dans le moins grand espace possible ;

3° Rendement industriel élevé (rapport du poids transporté à une vitesse donnée, avec la quantité de travail dépensé) ;

4° Facilité de manœuvre, au départ et à l'atterrissage, de manière à
ce que la conduite d'un aéroplane ne rentre plus dans le domaine de

l'acrobatie, et que tout danger de rupture et tout chavirement soit évité.

Mais, n'en doutons pas, avec le temps tout se tassera, s'améliorera. Ainsi que le dit un proverbe vulgaire : « Paris n'a pas été bâti en un jour ! » Faisons donc crédit de quelque temps aux chercheurs, donnons à l'expérience le loisir de porter ses fruits ; et restons certains qu'un jour luira où les critiques n'auront plus à prendre sur le navire aérien, dont l'aéroplane actuel n'est encore qu'une ébauche, un spécimen transitoire.

CHAPITRE IV

ÉTUDE PRATIQUE D'UN AÉROPLANE

Le calcul est, avons-nous déjà dit, une très bonne chose, un outil de première utilité en matière de construction mécanique, mais il ne faut pas, répéterons-nous, s'exagérer sa valeur lorsqu'on veut l'appliquer à la détermination de coefficients particuliers, souvent variables. En ce cas, une bonne expérience est préférable et, seule, elle peut servir de base solide aux équations. C'est justement le cas pour les appareils d'aviation, et les mathématiques seules ne pourraient conduire avec certitude au résultat, car on ne peut attacher une foi complète aux formules, que les faits viennent souvent contredire, comme cela est arrivé pour celles du colonel Renard relatives à la puissance sustentatrice des hélices, et même, sans aller plus loin, pour la formule classique de la résistance de l'air, sur laquelle est basé le fonctionnement des aéroplanes, et que bien des observations récentes sur le vol des oiseaux battent en brèche et montrent inexacte, ou tout au moins incomplète.

Je ne ferai donc pas intervenir le calcul dans ce chapitre et me bornerai à énumérer les principes mis à profit par les constructeurs pour établir leurs machines.

STABILITÉ

En premier lieu, il faut considérer les relations de position des forces développées pendant le déplacement de l'aéroplane, afin que le système se trouve non seulement en équilibre dans l'air, mais en équilibre stable.

En ce qui concerne la stabilité longitudinale, l'équilibre dynamique existe lorsque le centre de gravité et le centre de pression se trouvent sur une même verticale. L'aéroplane monté formant un ensemble rigide, le centre de gravité est fixe. Par contre, le centre de pression varie avec l'inclinaison de la surface sustentatrice et ces variations pourraient être très considérables si la voilure était sensiblement carrée. Avanzini, le premier, avait observé ce phénomène sans en donner la loi, et d'ailleurs, à notre époque, cette loi fait encore l'objet de nombreuses controverses, bien que la dynamique des fluides ait été l'objet de travaux de grande importance. On ne possède à ce sujet que la formule expérimentale établie en 1870 par Joessel, ingénieur de la marine, et encore s'applique-t-elle au déplacement oblique d'un plan dans l'eau et ne convient-elle que médiocrement, quoi qu'on en ait dit, au déplacement dans l'air. D'après cette formule, lorsque le plan se meut dans un fluide normalement à sa direction, le centre de résistance se rapproche graduellement du bord qui est le plus avancé jusqu'à se trouver à 1 5 de la longueur du plan, point qui sera atteint lorsque l'angle d'incidence sera minimum. Ces expériences furent faites avec un plan mesurant 0 m. 40 sur 0 m. 30, dans des conditions qui ne permettaient pas d'espérer des résultats bien précis. Joessel trouva donc que la distance x, entre le centre de pression et le bord antérieur, ou bord d'attaque du plan, pour l'inclinaison i de ce plan sur sa trajectoire, pouvait s'exprimer par la formule empirique : $\dfrac{x_i}{x^{90}} = 0,39 \times 0,61 \sin i$;

$2x^{90}$ étant la longueur du côté dans le sens des lignes de plus grande pente du plan. On voit que, pour $i = 0$, le centre de pression ne vient ni au centre ni sur le bord antérieur, mais à une distance $x_0 = 0,39\, x_{90}$ de ce bord.

Cette équation, ainsi que l'a fait remarquer M. Rodolphe Soreau, est celle d'un limaçon de Pascal en coordonnées polaires. Soit (fig. 10) OPi la position du plan quand son angle avec la trajectoire est i ; à partir du milieu C, portons, du côté du bord d'attaque, la longueur CA $= 0,39$ CO, et décrivons une circonférence OA comme diamètre. Cette circonférence est la directrice du limaçon, O le centre, AC la quantité à ajouter au rayon vecteur OB de la circonférence. Le point C est le centre de pression pour l'inclinaison i.

Pour le déplacement dans l'air, M. Kummer a fait connaître les résultats de nombreuses expériences effectuées avec des plans de faible dimension entraînés par un manège, mais le bras de levier était beaucoup trop court pour que l'on puisse attacher une réelle valeur aux résultats obtenus, en raison des effets perturbateurs produits par la force centrifuge. Le professeur Langley s'est également livré à diverses expériences avec un bras de levier beaucoup plus grand, mais le plan eut alors à subir des oscillations étendues qui retirent toute certitude dans la mesure de i. Quoi qu'il en soit, si l'on admet pour l'air une loi analogue de celle de Joessel et que l'on suppose que l'aéroplane soit établi de telle sorte que l'équilibre soit obtenu en marche normale, toute déviation longitudinale sera contrebalancée par le jeu même des forces en présence et l'équilibre longitudinal de l'appareil sera stable, tout au moins théoriquement. En effet, une déviation amène une aug-

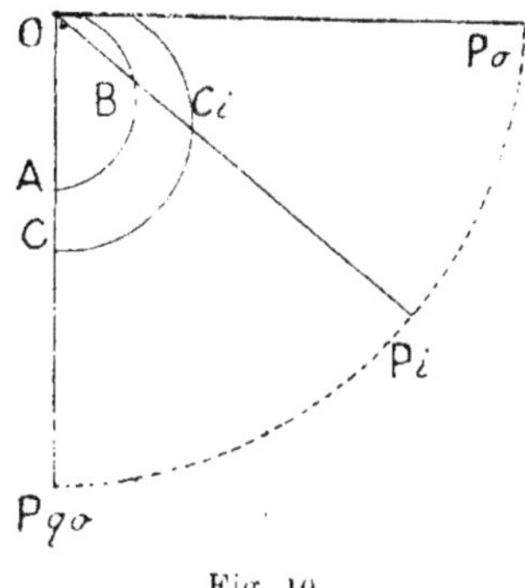

Fig. 10.

mentation ou une diminution de l'inclinaison, et, par suite, éloigne ou rapproche le centre de pression du bord d'attaque. Alors intervient un couple de rappel, de sens opposé dans l'un et l'autre cas et analogue à celui qui se produit entre un ballon allongé et la poutre armée servant de nacelle et qui s'y trouve suspendue. Il en résulte nécessairement des oscillations qui ramènent l'aéroplane à sa position primitive si la cause de l'inclinaison cesse, ou à une position nouvelle si la cause persiste. Dans cette hypothèse, le pilote de la machine modifiera l'angle d'attaque de façon à lui rendre sa valeur première, s'il veut conserver sa vitesse.

Il importe cependant de remarquer, et M. Soreau insiste avec raison sur ce point, qu'en réalité les choses ne se passent pas aussi simplement que l'on vient de le supposer. L'air n'est point, en effet, un fluide entraîné au-dessus du sol d'un mouvement uniforme ; il est le siège, tout au moins près de terre, d'embardées parfois répétées et violentes, souvent brusques et imprévues, dont il faut bien tenir compte puisqu'en général l'aéroplane devra évaluer près de terre. Ces embardées donnent naissance à une série de couples dont les effets s'ajoutant les uns aux autres peuvent amener des oscillations, dangereuses pour les passagers et compromettantes pour la sécurité du navire aérien, dans le cas où leur amplitude vient à dépasser une certaine étendue. Cette amplitude doit donc être réduite autant que possible, tout en maintenant un couple de rappel suffisamment énergique, et ce résultat peut être atteint en donnant à l'aéroplane une forme telle que les déplacements longitudinaux du centre de pression soient le plus restreints possible, et en plaçant ce centre à une distance assez grande au-dessous du centre de gravité.

C'est ce qui se produit chez l'oiseau, grâce à la forme allongée de ses ailes et à l'allègement des parties supérieures du corps. La distance entre le centre de gravité et le centre de pression est faible, mais l'animal obvie avantageusement à la petitesse du couple de rappel en modifiant sa voilure, en avançant ou en reculant plus ou moins les pointes des rémiges palmaires, de façon à corriger à mesure qu'ils se produisent les déplacements du centre de pression. Cette action, à la fois simple et instinctive contribue à assurer la stabilité longitudinale, tout en épargnant au volateur les oscillations qui résulteraient d'un couple de rappel plus énergique. Mais, on comprend qu'il est difficile à un aéroplane de grandes dimensions de recourir à de semblables procédés. Son centre de gravité doit être proportionnellement plus éloigné de son centre de pression que dans l'oiseau ; il faut cependant limiter les variations de celui-ci, et c'est pourquoi les aviateurs ont adopté d'une manière à peu près générale une forme de voilure très étendue dans le sens transversal en même temps qu'étroite dans le sens perpendiculaire. L'expérience a montré que la réaction était beaucoup plus forte qu'avec une voilure carrée ou plus allongée dans le sens de l'avancement que dans l'autre. Ainsi, un plan présentant une longueur double ou triple de sa largeur éprouve à se mouvoir dans l'air une résistance qui varie à peu près du simple au double, selon qu'on le fait progresser par l'un de ses côtés étroits ou, au contraire, par l'un de ses bords larges, et qui augmente d'autant plus que la différence est plus grande entre la longueur et la largeur du plan. M. V. Tatin a donné l'explication suivante de ce phénomène dans ses *Éléments d'aviation*.

« Lorsque le plan s'avance par l'un de ses bords étroits, les filets d'air rencontrés ne se pressent pas sous le plan jusqu'à son extrémité arrière, mais sont plutôt écartés et rejetés aussitôt latéralement sans que la surface en action ait éprouvé toute la résistance que ces filets pouvaient lui offrir, tandis que, pendant la progression par le bord le plus large, les filets d'air ne peuvent s'échapper, retenus qu'ils sont par leurs voisins immédiats ; une petite partie seulement peut s'échapper près des bords étroits latéraux, et ainsi la résistance qu'ils offrent pourra être mieux utilisée. »

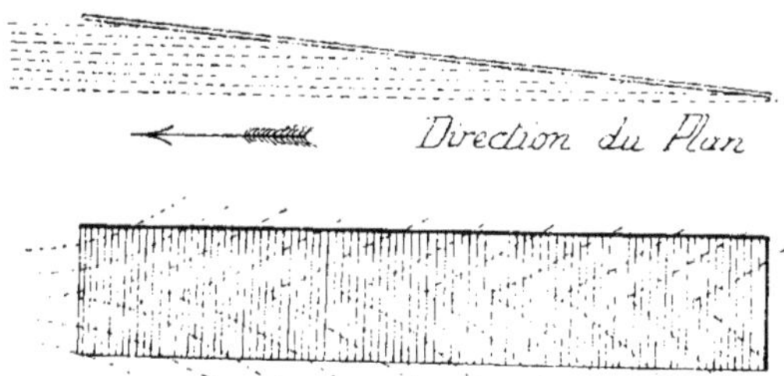

Fig. 11. — Plan avançant dans l'air son bord le plus étroit en avant.

Les deux figures 11 et 12, donnent graphiquement la démonstration du parcours des filets d'air d'après la théorie de l'éminent ingénieur que nous venons de citer, et qui ajoute ce qui suit :

« Nous avons construit quelques aéroplanes qui volaient par leurs propres moyens ; tous avaient leurs plans sustenteurs en travers de la

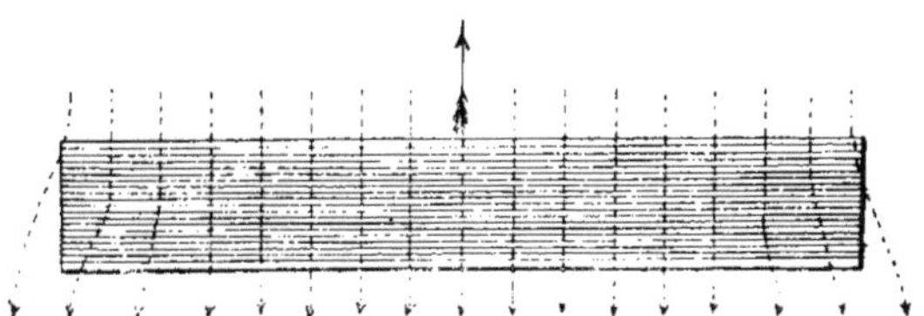

Fig. 12. — Plan avançant dans le sens de la flèche par son côté le plus large. — Les petites flèches indiquent le parcours des filets d'air.

marche, et d'après les expériences et les calculs que nous avons pu faire avec ces appareils, il nous a semblé qu'en multipliant la résistance admise pour l'unité de surface par un certain coefficient, on pouvait obtenir d'une façon suffisamment approximative la valeur à attribuer à la résistance des plans étroits s'avançant par le côté large ; ce coefficient était obtenu de la manière suivante : pour tout plan plus étendu en envergure qu'en longueur d'avant en arrière, nous cherchions le rapport de ces deux dimensions ; puis la racine carrée de ce rapport

nous servait de coefficient. Exemple : un plan a 1 mètre sur 5, rapport
1 : 5 ; la racine carrée de 5 étant 2,23, nous multiplions nos 5 mètres
carrés par 2,23 et trouvons que le plan en question doit éprouver une
résistance égale à celle d'un plan de $5 \times 2,23 = 11,15$, c'est-à-dire de
plus du double de celle d'un plan de même surface, mais de forme régulière. Cependant nous nous empressons de dire que ce calcul ne
nous semble applicable que lorsque le rapport des deux dimensions
n'est pas très grand, comme d'ailleurs c'était le cas dans nos expériences. Si ce rapport dépasse 1 : 6 c'est l'inconnu ; il est évident en
effet que, si le rapport atteignait 1 : 20 ou 1 : 30, la résistance cesserait
d'augmenter suivant la progression que nous avons indiquée, mais dans
quelle mesure augmenterait-elle encore ? Il est impossible de répondre
à cette question tant que l'on n'aura rien déterminé par quelques
bonnes expériences. »

Si l'on examine ce qui existe chez les oiseaux, on constate que le
rapport entre la largeur et l'envergure des ailes est de 1 : 5 dans les
petites espèces ; 1 : 6 chez le faucon, 1 : 8 chez les volateurs rapides
tels le martinet, et on remarque que le rapport s'élève à 1 : 20 et quel-
quefois davantage chez certains puissants voiliers tels que l'albatros.

Fig. 13. — Rapport entre la largeur et l'envergure
des ailes d'un oiseau. (Projection d'une mouette
sur un plan horizontal.)

Maintenant, si l'on arrive à la question de la stabilité transversale
des appareils, on peut rappeler que l'on a généralement abandonné
l'agencement des plans formant un angle dièdre dont l'arête est tour-
née vers le sol, pour adopter des surfaces verticales coupant en plusieurs cellules la largeur des plans superposés constituant un aéroplane, mais cette disposition constitue une résistance additionnelle et
explique la réduction de vitesse que l'on remarque avec les aéroplanes
pourvus de ces cloisons, comparativement aux appareils où ces cloisons
sont supprimées et dans lesquels la stabilité est assurée, comme dans
le *planophore* de Pénaud, par une longue queue et des plans servant
de gouvernails disposés très en arrière des plans sustenteurs, comme

dans les derniers modèles des frères Voisin. Le tangage (balancement d'avant en arrière et *vice versâ*) est supprimé, de même que le roulis (oscillations transversales), grâce à ces dispositifs, et tout danger de chavirement de l'aéroplane se trouve écarté, sa course dans l'espace étant absolument rectiligne si les plans arrière se trouvent bien à la distance voulue des plans principaux.

PROFIL DES AILES

On s'est aperçu depuis fort longtemps déjà que, lorsqu'un plan, au lieu d'être rigoureusement plat, présentait une certaine courbure d'avant en arrière, il offre une résistance beaucoup plus grande à l'avancement, à la condition, bien entendu, que cette courbure se présente au vent relatif par son côté concave, et non par sa partie supérieure. Diverses recherches ont été faites, notamment par Thibault et par Lilienthal, dans le but de se rendre compte du gain que procurait cette courbure en raison de son importance, mais les résultats ont été très divergents, suivant les conditions d'expériences et la valeur de la flèche de la courbe. Cependant le gain obtenu par un creux de 1.18 à 1.20 semble osciller aux alentours de 1 5.

M. Goupil, dont les travaux sur la locomotion aérienne sont justement estimés, et qui a développé des considérations intéressantes sur l'écoulement des filets fluides, attribue une très grande importance à

Fig. 14. — Section longitudinale d'une aile,
d'après Goupil.

la concavité des ailes, aussi bien chez les oiseaux que pour les aéroplanes, en raison de la réaction puissante de l'air sous cette concavité. Au lieu d'une surface simplement incurvée, le savant ingénieur préconisait une section, telle que le représente la figure 14 pour les ailerons d'un aéroplane. Cette forme est nettement supérieure, comme force portante, par unité de superficie, à un plan rectiligne et même à une surface simplement concave, parce qu'elle a pour effet, non seulement de doubler ou de tripler l'effort de réaction de l'air, mais encore de reporter cet effort vers le bord d'attaque. Une expérience très simple permet de se rendre compte de l'effet propulsif procuré par cette disposition. Que l'on prenne à la main une voile tendue sur une armature ne formant relief que d'un seul côté. La nervure étant au-dessous, du côté du sol, on abaisse énergiquement cette voile : on obtient une déviation latérale vers la nervure, déviation assez puissante pour entraîner le bras. L'air s'échappe du côté opposé, ainsi que le montre la flamme d'une bougie placée près de la nervure, et qui reste immobile, tandis que la flamme d'une bougie placée à une distance beaucoup plus grande du bord libre, oscille fortement et parfois s'éteint. On se rend compte ainsi de la puissance de l'entraînement latéral.

Les figures de la planche I (page 53), représentent en détail la forme d'un aéroplane établi d'après les idées de M. Goupil, et comportant des ailes à grande concavité, mais formées d'une surface unique tendue sur une armature. Les figures de la planche II s'appliquent à un appareil du même auteur, mais dans lequel les ailerons, formés de deux surfaces se réunissant le long du bord d'attaque, possèdent alors cette concavité postérieure à laquelle il attache tant d'importance. La comparaison entre ces dessins permet de rendre compte des différences existant entre les deux genres de construction.

Presque tous les aviateurs ont donné à la face inférieure de leurs appareils une courbure plus ou moins concave, qu'il s'agisse de monoplans ou de multiplans. Ader avait adopté pour son remarquable *avion* une courbure croissante d'avant en arrière, suivant le tracé d'une spirale ; les frères Voisin préfèrent donner aux armatures une courbure régulière, suivant un arc de cercle d'un certain rayon. Enfin, il est généralement admis maintenant que la forme d'aile qui procure les meilleurs résultats est la forme concave, avec ou sans surépaisseur du bord d'attaque. Le plan, plus ou moins incliné, mais absolument rectiligne, est peut-être plus facile à construire, mais il est loin de posséder la même efficacité.

Quoi qu'il en soit, la question du profit des surfaces sustentatrices présente une grande importance et doit être examinée de près, bien que le capitaine Ferber ait pu poser en principe, dans un mémoire présenté à l'Académie des Sciences, que pour une surface mue orthogonalement ou presque tangentiellement par rapport à sa trajectoire, la résistance qu'elle rencontre de la part de l'air est toujours la même. Le promoteur de l'aviation par aéroplanes cellulaires s'était basé, pour lancer cette affirmation, sur les résultats d'expériences exécutées à l'aide d'appareils capables de supporter le poids de leur conducteur, et cette constatation peut s'expliquer comme suit, d'après M. Tatin : supposons qu'un plan d'un mètre, normal à la direction éprouve une pression de

70 grammes à la vitesse de 1 mètre ; que, maintenant, ce même plan se meuve sous un angle dont le sinus soit 0,1, ou environ 6°, ce qui est l'angle moyen des aéroplanes, la résistance deviendra : $70 \times 2 \sin \alpha$, d'après Duchemin, ce qui fera 14 grammes. Admettons maintenant que ce plan ait une étendue d'une quinzaine de mètres carrés, cela nous donnerait, d'après Borda, 28 grammes par mètre carré. Si, en outre, le plan offre un certain creux, sa résistance sera augmentée de ce fait, de 1 5 au moins, d'après Thibault, soit : $28 \times 1,2 = 33,5$; enfin, si le plan est étendu en envergure de 5 ou 6 fois sa largeur, la résistance, par unité de surface, sera encore plus que doublée, et nous obtenons alors, pour chaque mètre carré, le même chiffre de 70 grammes que nous trouverions dans le mouvement orthogonal. Bien que le fait paraisse de prime abord un peu paradoxal, il n'en est cependant pas moins rigoureusement exact.

AGENCEMENT GÉNÉRAL D'UN AÉROPLANE

Bien que certains coefficients entrant dans les formules appliquées pour la construction des aéroplanes soient encore discutés, on n'en possède pas moins maintenant des données suffisantes pour entreprendre, avec quelque certitude dans le résultat final, le calcul et l'étude pratique d'un aéroplane destiné à porter une ou deux personnes. Jusqu'à ces temps derniers on attachait une importance capitale à la question de légèreté du moteur, en se basant surtout sur les travaux théoriques de nombreux mathématiciens, mais les expériences récentes ont fourni la preuve que le moteur ne composait pas à lui seul le problème, mais que le propulseur présentait une non moins grande importance, si l'on ne voulait pas gaspiller une quantité considérable d'énergie motrice sans le moindre avantage.

La preuve de la nécessité qui incombe à l'ingénieur-aviateur de porter son attention sur l'agencement rationnel du propulseur et du gouvernail de profondeur a été donnée par l'appareil 14 *bis* de Santos-Dumont à l'aide duquel le célèbre Brésilien fit ses deux sauts de 25 et de 220 mètres qu'il ne put d'ailleurs jamais recommencer. Cet aéroplane à voilure cellulaire en V et gouvernail à l'avant, à l'extrémité d'une longue poutre armée, ne dépensait pas moins de 50 chevaux-vapeur pour une vitesse de 38 kilomètres à l'heure au plus, ce qui constitue un rendement utile tout à fait infime et prouve qu'en raison de l'agencement défectueux des divers organes, les deux tiers de la force

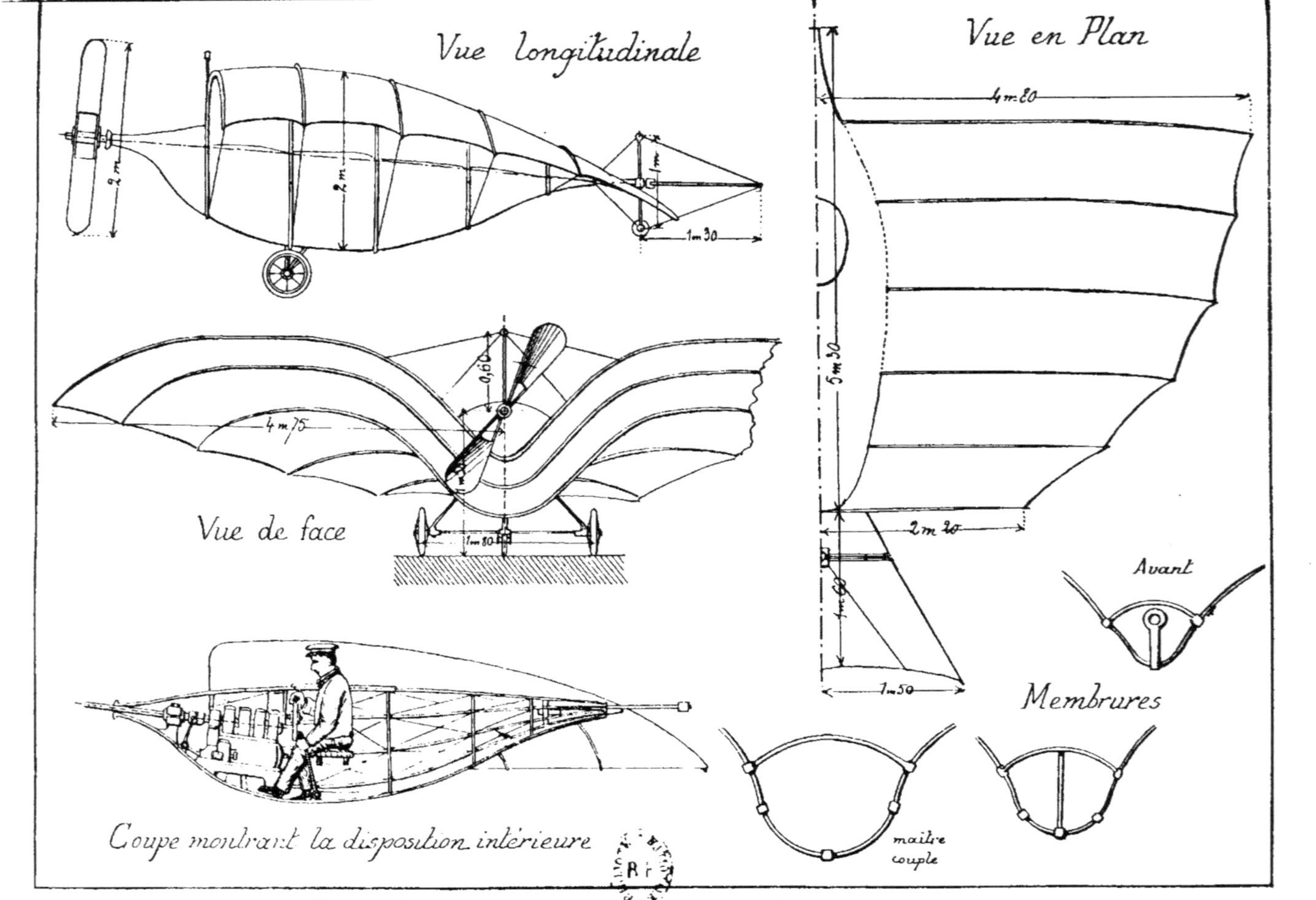

Pl. I. — Aéroplane a ailes concaves, avec ses détails de construction.

LÉGENDE. — 1. Vue longitudinale. — 2. Vue de face. — 3. Vue en plan. — 4. Coupe du corps de l'oiseau montrant la position occupée par le moteur et par l'aviateur. — 5, 6, 7. Coupes transversales : Longueur du corps, 5 m. 30. Largeur maximum des ailes, 4 m. 80 (Envergure, 9 m. 60). Surface totale des ailes et du corps, 44 mètres carrés.

motrice se trouvaient absorbés sans effet utile. Les aéroplanes de Esnault-Pelterie et de Blériot surtout, avec un travail moindre, ont obtenu, cela a déjà été dit, une vitesse supérieure à 60 kilomètres à l'heure, ce qui donne environ 18 mètres par seconde.

L'emplacement du propulseur doit être l'objet d'une étude approfondie : Goupil, Philips, Tatin, disposaient l'hélice à l'avant de leurs aéroplanes pour la faire agir par traction ; Santos-Dumont, les frères Voisin, les Wright la mettent en arrière et la font agir par poussée. Le professeur Langley employait deux hélices, placées à chaque bout de l'appareil et travaillant, l'une à la traction, l'autre à la poussée, enfin on peut, pour éviter le couple de renversement qui se produit avec une hélice unique, faire usage de deux hélices tournant en sens contraire l'une de l'autre, comme l'ont fait les frères Wright ; on en connaît les excellents résultats.

Les avis sont partagés en ce qui concerne le mode de commande du ou des propulseurs. Doit-on accoupler directement l'hélice à l'arbre du moteur ou est-il préférable d'employer une transmission intermédiaire permettant de faire tourner cette hélice à une vitesse moindre que la machine motrice ? Chaque solution présente ses avantages et ses inconvénients respectifs. Dans le cas de l'accouplement direct arbre à arbre, le propulseur peut remplacer les volants servant à régulariser la rotation, ce qui permet d'alléger sensiblement le moteur, mais l'assemblage des pales de l'hélice au moyeu doit posséder une extrême solidité pour résister efficacement à l'effort d'arrachement dû à la force centrifuge développée pendant le mouvement. La transmission intermédiaire supprime cette cause d'accident, qui a amené la mort du lieutenant Selfridge, et permet d'obtenir un meilleur rendement, une petite hélice tournant très vite fournissant, à égalité de puissance consommée, un effort de traction inférieur à celui que donne une hélice de plus grand diamètre tournant moins vite, c'est-à-dire ayant un pas plus allongé que l'autre.

Ainsi donc, si l'on veut résumer les conditions rationnelles que doit réunir un aéroplane, bien conçu, on peut les énumérer comme suit :

1° Forme générale rappelant l'aspect d'un oiseau les ailes étendues, autrement dit, corps fusiforme allongé, flanqué à droite et à gauche de plans uniques ou superposés (dans ce cas, comme le toit et le plancher d'une cage). Envergure des ailes ou plans, de 1 à 8 ou de 1 à 10.

2° Stabilité longitudinale assurée par la présence d'un plan analogue comme forme aux plans de sustention, et disposé en arrière à une distance convenablement choisie et déterminée par expérience.

3° Moteur léger (pesant au plus 3 kilogrammes par cheval), actionnant par transmission intermédiaire ou accouplement direct, une ou deux hélices agissant par traction ou par refoulement, et placées dans le premier cas à l'avant des plans, dans l'autre en arrière.

4° Construction établie en matériaux légers et de grande solidité. Agencement des organes tel que la résistance à l'avancement de l'appareil soit aussi faible que possible, de manière à réduire le travail nécessité par la progression dans l'air.

5° Procédé assurant le démarrage de l'aéroplane et son envolée dans le moindre espace possible.

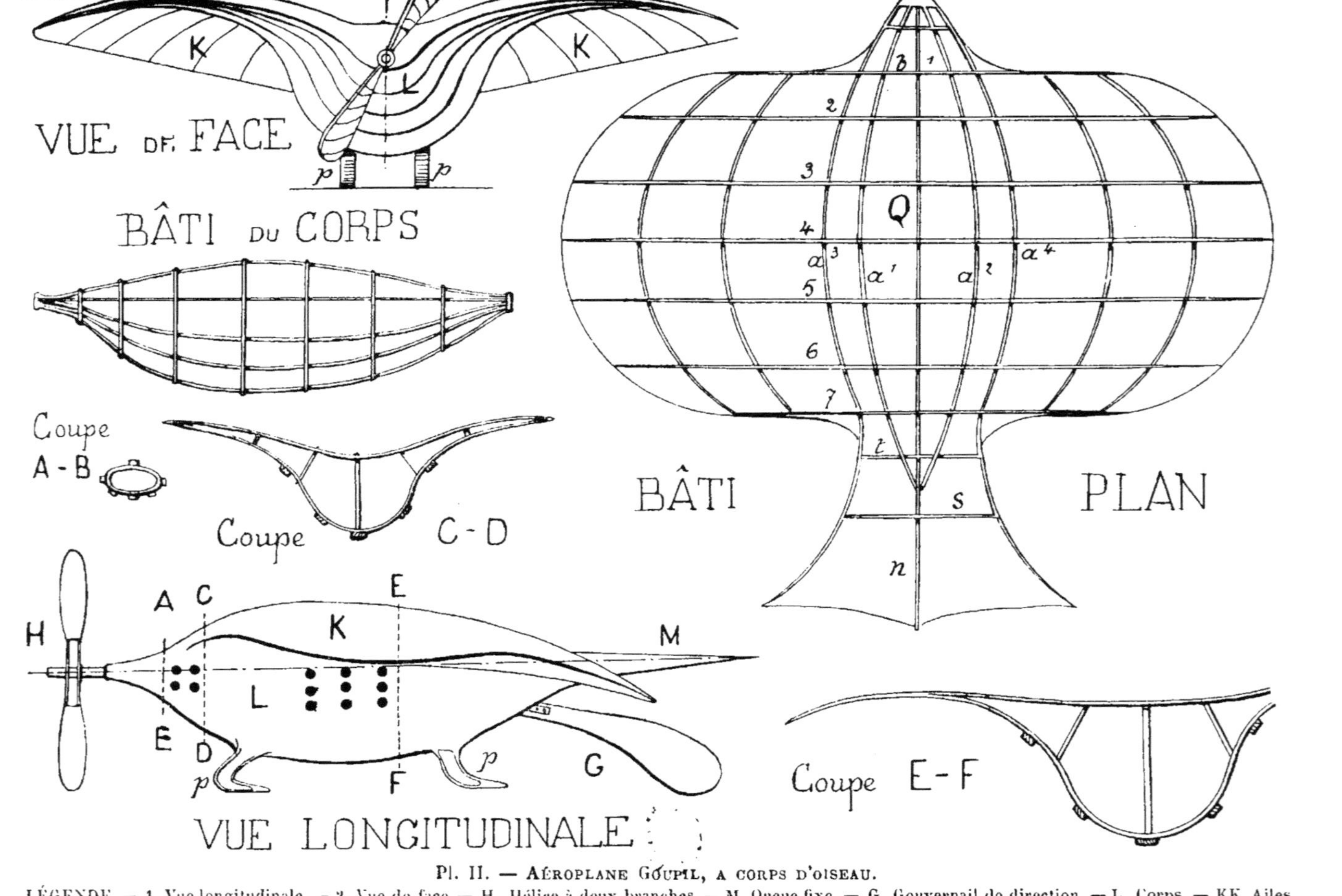

PI. II. — AÉROPLANE GOUPIL, A CORPS D'OISEAU.

LÉGENDE. — 1. Vue longitudinale. — 2. Vue de face. — H. Hélice à deux branches. — M. Queue fixe. — G. Gouvernail de direction. — L. Corps. — KK. Ailes p, p. Patins de glissement. — 3. Carcasse du bâti (plan). — 1, 2, 3, 4, 5, 6, 7. Arceaux transverses. — a1, a2, a3, a4. Pièces associant les fermes les unes aux autres. — b1. Avant de l'aile (bord antérieur). — t. Pièce de liaison de la surface arrière. — s, n. Traverses du gouvernail. — Q. Quille. — 4. Bâtis de fuselage. — 5, 6, 7. Coupes transversales.

CHAPITRE V

CONSTRUCTION DES AÉROPLANES

L'aviation est entrée aujourd'hui dans le domaine des choses pratiques ; l'industrie s'est emparée de cette branche de la construction mécanique, qui n'est autre chose, on l'a parfaitement remarqué, qu'un prolongement de l'automobilisme et de l'aéronautique, car elle emprunte à ces applications de la mécanique et de la physique la plupart de leurs procédés et des matériaux qui s'y trouvent mis en œuvre.

Evidemment il a fallu, pour faire passer les conceptions des inventeurs du domaine du rêve dans la réalité, que les constructeurs se livrassent à des calculs serrés pour ne rien laisser au hasard et arriver à établir des appareils à la fois légers et solides, car l'atterrissage est souvent une rude épreuve pour un aéroplane, surtout lorsque son conducteur est encore à la période des essais et ne possède pas à fond tous les secrets de la manœuvre. Là aussi il a fallu traverser une époque de tâtonnements et d'études pour se rendre compte de la valeur réelle, par leur mise à l'épreuve, des divers matériaux entrant dans l'édification des nefs aériennes, ainsi que des meilleures méthodes à mettre en œuvre pour obtenir des surfaces géométriquement parfaites, quels que fûssent leur profil ou leur section, et cependant sans multiplier outre mesure les tendeurs, les haubans d'acier et autres points d'appui. Mais la perfection fut vite atteinte, grâce à la sagacité professionnelle d'ingénieurs comme nos amis Ed. Surcouf, fondateur des Etablissements « *Astra* », Maurice Mallet, l'aéronaute bien connu, des frères Voisin, les premiers mécaniciens qui osèrent s'adonner spécialement à la construction des appareils d'aviation, de Blériot, d'Esnault-Pelterie, de Louis Godard, de Levavasseur et de bien d'autres encore non moins connus, et c'est d'après les indications de plusieurs de ces habiles constructeurs que j'ai pu réunir les renseignements contenus dans le présent chapitre.

Comme il existe plusieurs écoles, ayant chacune ses préférences pour la forme à donner aux aéroplanes, l'une, considérant les appareils à plans multiples superposés ou placés à distance l'un, derrière l'autre, comme très supérieurs aux monoplans à surface unique, j'étudierai ici successivement ces deux classes d'appareils que j'appellerai, les premiers, aéroplanes lamellaires ou cellulaires, les autres aéroplanes à corps et ailes d'oiseau. Les moteurs et les propulseurs constituant des organes absolument distincts, j'en ferai l'objet de chapitres particuliers qui suivront.

Aéroplanes Chanute Wright. — Les premiers aéroplanes construits en Amérique par M. Chanute dans le but de reproduire le vol plané, dérivaient du cerf-volant cellulaire d'Hargraves, et l'ingénieur américain a donné les détails suivants sur leur construction et leur aménagement.

Le modèle Chanute comprenait deux surfaces superposées, auxquelles était adjointe une queue horizontale à quatre plans se coupant à angle droit, analogue à celle inventée par Pénaud, et munie d'attaches élastiques, modifications dues à Herring. C'est de ce système qu'est dérivé par la suite celui de Wright dont on connaît les remarquables performances. Pour la construction de ce genre de machines, M. Chanute préfère le bois au métal dans l'agencement du bâti, et le meilleur bois lui paraît être le sapin bien sec. Les nervures peuvent être faites en frêne ou en osier ; ce dernier lui a donné de bons résultats, et on en trouve des brins de grosseur et de courbure appropriées aux circonstances. Quand on fait usage du frêne, on met les perches tremper dans l'eau après leur avoir donné le profil voulu, on les expose à l'action de la vapeur, et on les laisse sécher lentement sur une forme présentant la courbure voulue. On peut fabriquer plusieurs nervures d'une seule pièce, puis les séparer ensuite ; on peut faire ces nervures un peu fortes afin que, par la suite, l'aile ne se déforme pas. Si l'on désire que ces ailes présentent une certaine flexibilité à l'arrière, chose que M. Chanute croit avantageuse, les nervures doivent avoir une section méplate ; le bord antérieur est relié au point de fléchissement par un hauban en fil d'acier. La stabilité est accrue lorsque l'extrémité des ailes est déprimée de 75 à 150 millimètres au-dessous de partie centrale, M. Chanute estimant que l'imitation des ailes de la mouette en plein vol est préférable à celle des ailes du vautour. Les assemblages de pièces peuvent se faire, selon qu'il s'agit de pièces se trouvant dans le prolongement l'une de l'autre ou de montants disposés perpendiculairement, au moyen de torsades en ficelle (caret goudronné) ou en fil de fer recuit, par des tubes d'acier mince ou encore à l'aide de pièces fondues d'après modèle, en fonte malléable, en acier doux ou en alliage à base d'aluminium. Les ligatures en simple ficelle, formant une ganse serrée ont l'avantage d'une certaine élasticité qui atténue et absorbe les chocs de l'atterrissage.

Il s'agit, une fois la carcasse assemblée, de la recouvrir d'étoffe. On commence par fixer le tissu à l'avant, on le tire pour avoir une surface bien lisse, on le plie sur le fil de fer qui relie les nervures à l'arrière et on le maintient provisoirement avec des épingles. On applique ensuite au pinceau deux couches de vernis incolore pour coller les rabats et rétracter l'étoffe qui acquiert alors une tension égalant celle d'une peau de tambour. Ce vernis est composé de 60 grammes de coton-poudre n° 1 humecté d'alcool et dissous dans un mélange de 3 litres d'éther sulfurique et de 1 litre d'alcool. On ajoute, une fois la dissolution opérée, 20 grammes d'huile de ricin et 10 grammes de baume du Canada, et on conserve ce liquide sirupeux dans des bouteilles bien bouchées. Ce vernis s'étend sur l'étoffe à l'aide d'une brosse plate.

C'est ainsi qu'a été construite en 1902 la première machine des frères Wright pour l'étude de l'équilibre longitudinal et transversal d'un aéro-

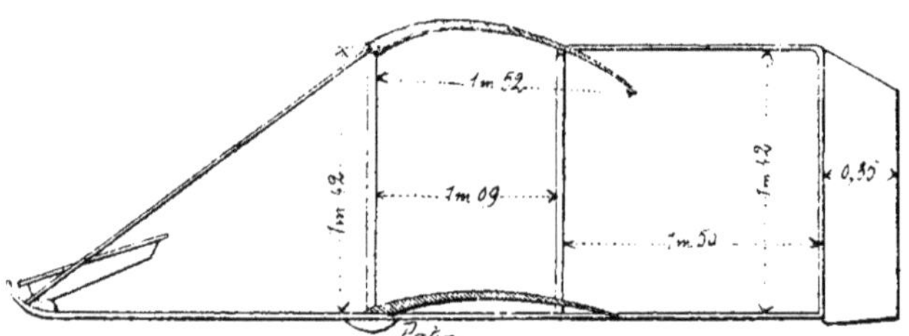

Fig. 15. — Première machine de Wright.

plane et qui, ne possédant pas de moteur, pouvait seulement être appliquée à l'exécution de glissades aériennes. Ce modèle que représente la figure 15 a subi par la suite de nombreux perfectionnements, bien que la forme primitive ait subi peu de changements. Les matériaux employés et les assemblages sont restés les mêmes. Vu de face, l'aéroplane présentait deux plans superposés, espacés de 1 m. 42 l'un de l'autre et mesurant 9 m. 75 d'envergure pour une largeur de 1 m. 52, ce qui donne une surface portante totale de 28 m. c. 4. Le gouvernail de profondeur, disposé à l'avant, avait 1 m. c. 40 de surface et l'ensemble pesait 53 kilogs. Toutes les parties composant la carcasse rigide étaient en bois profilé, le bras de devant et le bras principal étant en un bois américain analogue au pin ; ces pièces étaient noyées dans l'étoffe ou

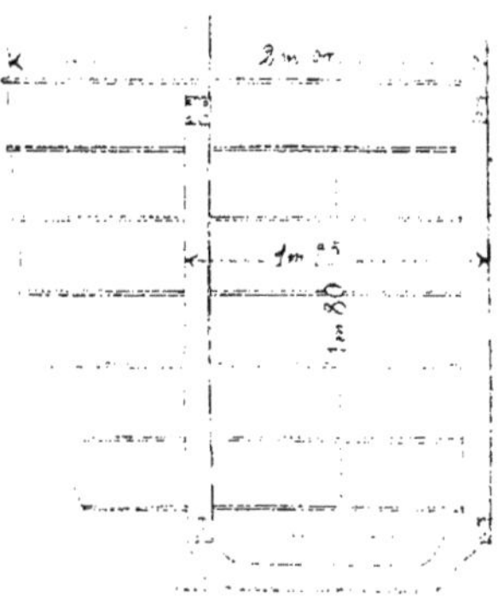

Fig. 16. — Extrémité de l'aile dans le « flyer » de W. Wright.

recouvertes d'une gaine ajustée après coup. Les nervures étaient en bois de frêne cintré à la vapeur suivant une courbure présentant 1,20° de flèche au tiers de la largeur à partir de l'avant.

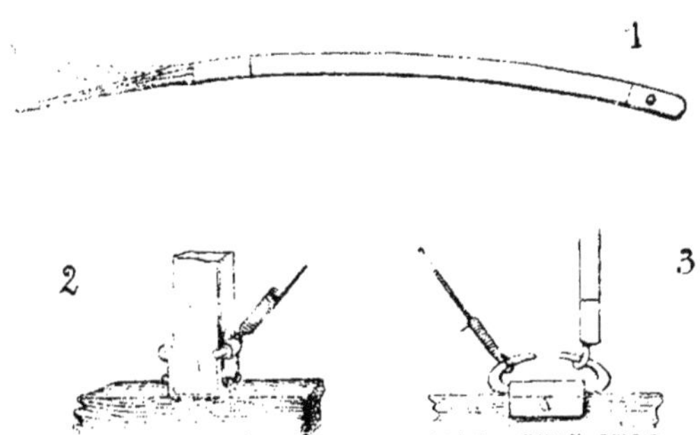

Fig. 17. — Pièces constitutives de la machine Wright.
1. Aile à torsion facultative. — 2. 3. Attaches des haubans.

Les assemblages étaient faits à l'aide de cordelettes fines et fortes, en chanvre blanc, enroulées et amarrées autour des pièces. La ganse une fois terminée, le joint était humecté de colle bien liquide, de manière à produire la rétraction des brins de chanvre et donner une solidité inébranlable à l'assemblage. Les surfaces étaient en tissu de coton très serré ressemblant à la qualité employée pour la construction des ballons, mais non verni. Les tirants étaient de cordes de piano, d'environ 1 millimètre et demi de diamètre, et le coefficient de rupture des pièces était de 1.10.

Telles sont les données principales des premiers modèles d'aéroplanes de Wright, basés sur les principes établis par Chanute et Herring. Avant d'arriver aux types récents des frères Voisin nous donnerons, d'après le brevet des frères Wright, une description minutieuse de leur dernier appareil.

L'appareil comprend des plans horizontaux ou « aéroplanes », un gouvernail vertical arrière, un gouvernail vertical avant, un gouvernail fixe avant et un gouvernail horizontal avant.

L'équilibre latéral est réglé par une augmentation de l'angle d'incidence, sous lequel les surfaces horizontales sont présentées à l'atmosphère dans le sens du mouvement d'avancement, du côté qui tend à s'abaisser, et, par une diminution de cet angle, du côté qui tend à s'élever et pour éviter le mouvement tournant de la machine autour d'un axe vertical qui serait le résultat secondaire de cette manœuvre, l'on dispose des gouvernails verticaux pour produire un couple tournant dans la direction opposée.

La modification de l'inclinaison des ailes sur la direction du mouvement produit, non seulement une variation de l'équilibre horizontal de l'appareil, mais encore sur chaque aile une variation de la résistance au mouvement d'avancement ; cette dernière variation a pour conséquence un ralentissement de la vitesse de l'aile dont la résistance a augmenté, c'est-à-dire de l'aile présentée sous le plus grand angle et une accélération de vitesse de l'aile présentée sous le plus petit angle et dont la résistance a diminué ; cette dernière aile, par suite de la plus grande vitesse avec laquelle elle fend l'air, tend à s'élever, neutralisant ainsi l'effet cherché.

Pour s'opposer à ces mouvements secondaires, l'on dispose sur la machine : à l'arrière un gouvernail vertical, à l'avant une surface fixe verticale et un gouvernail vertical, gouvernails auxquels l'on donne des orientations appropriées pour compenser le couple nuisible produit par la déformation des ailes.

La fig. 18 est une vue perspective d'une machine volante.

La fig. 19 est une coupe horizontale de la même machine ;

Ils constituent une machine volante comprenant des surfaces minces ou « aéroplanes », solidaires et superposées, dont les extrémités latérales ou « ailes » mobiles autour d'axes situés dans leurs plans, peuvent recevoir, au gré de l'opérateur, des mouvements de déformation d'amplitude réglable qui modifient les angles d'incidence sous lesquels chacune d'elles est présentée à l'atmosphère. Ainsi que le représentent les figures, les aéroplanes *1* et *2* sont constitués chacun par un bâti rectangulaire *3*, dont le petit côté est orienté suivant la direction du mouvement de la machine, et par des matériaux réunissant la résistance nécessaire au degré convenable de flexibilité, tels que du bois de bonne qualité ou des barres métalliques. Ces bâtis sont recouverts par de la toile *4* pour former la surface de l'aéroplane et les deux aéroplanes sont réunis l'un et l'autre par des tiges *5*, rigides d'un bout à

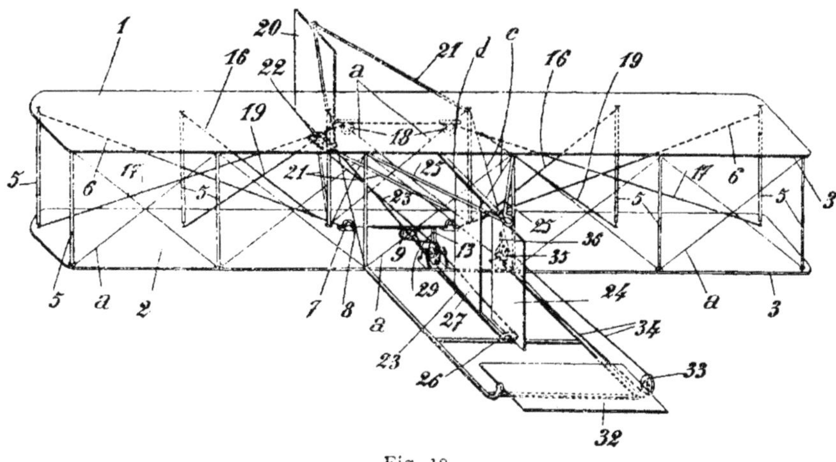

Fig. 18.

l'autre de leur longueur, et fixées à leurs extrémités supérieure et inférieure aux aéroplanes respectifs par des joints universels ou articulés, maintenant ainsi les deux aéroplanes à une distance invariable l'un de l'autre.

Pour obtenir la torsion hélicoïde, les aéroplanes *1* et *2* peuvent être mobiles autour d'axes situés dans leur plan. Le rang avant des montants *5*, les parties avant des bâtis *3* et les câbles de renforcement *a* forment ensemble une armature rigide qui maintient le bord avant des aéroplanes dans une position immuable. Mais le rang arrière de montants *5* et la partie arrière du bâti *3* sont reliés rigidement seulement près du centre de la machine par des câbles de renforcement *a*. Des câbles tendus *c*, montés sur la partie centrale de la machine, complètent la liaison entre les deux aéroplanes en s'opposant à tout mouvement de glissement de l'un par rapport à l'autre. Aux extrémités de cette partie arrières centrale et rigide des bâtis *3*, sont montées des articulations *b*. Les parties des cadres situées au delà de ces articulations forment une armature réglable et sont maintenues dans toute position déterminée par un câble tendu *6* fixé à ses extrémités près des

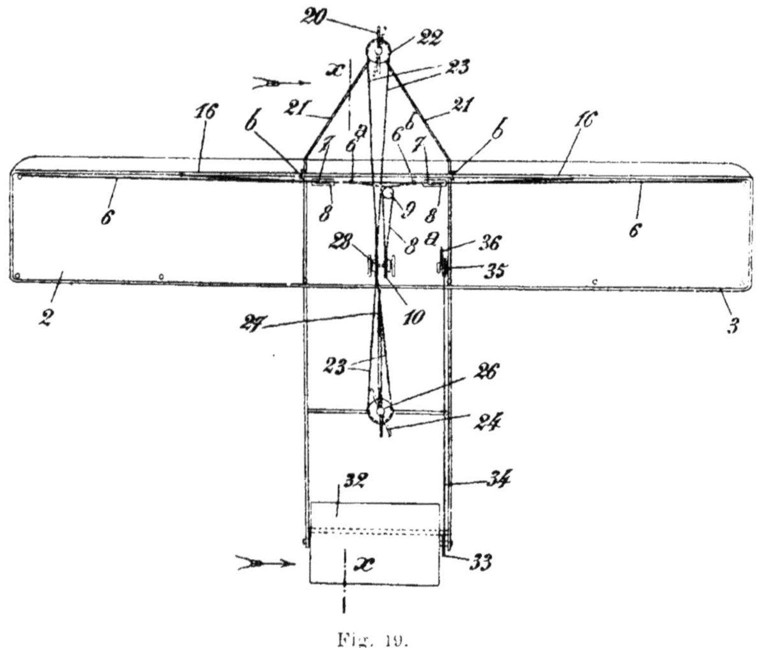

Fig. 19.

coins arrière droit et gauche de l'aéroplane supérieur ; il passe sous des guides convenables *7*, supportés par l'aéroplane inférieur, d'une façon quelconque, par exemple, au moyen de petits paliers *8*, et pour recevoir des tractions dans la direction de la plus grande longueur des aéroplanes. Ces tractions peuvent lui être communiquées au moyen d'appareils quelconques ; de préférence, ils consistent en un câble auxiliaire *8ᵃ* fixé à ses extrémités sur le câble *6* en des points *6ᵃ* et *6ᵇ* compris entre les rouleaux *7* et renvoyé par un guide convenable *9*, sur un tambour *10* monté sur un arbre *11* porté par des consoles *12* de l'aéroplane inférieur. Le tambour *10* est muni d'une poignée *13*, et il peut être maintenu fixement sur l'arbre *11* à l'aide d'un frein qui, dans le cas présent, consiste en un collier fendu *14* muni d'une vis moletée *15* à l'aide de laquelle la friction entre le collier *14* et l'arbre *11* peut être réglée. Un câble unique *6* peut être employé, mais il est préférable de monter des câbles auxiliaires *16* le long du câble *6* en des points situés près des guides *7*, et de les fixer aux parties ou bords latéraux correspondants de l'aéroplane supérieur, de préférence près des bords arrière. La longueur des câbles auxiliaires *16* et le mode de liaison au câble *6* et à l'aéroplane supérieur sont tels qu'une action exercée sur le câble *6* est transmise à ses extrémités et aux câbles auxiliaires *16* et, par tous ces câbles, aux ailes correspondantes de l'aéroplane, produisant ainsi la déformation désirée du bord arrière de l'aéroplane, et l'empêchant de devenir bombé ou distordu entre son extrémité extérieure et la charnière. Un second câble *17* est fixé, par chacune de ses extrémités, sur les ailes de l'aéroplane inférieur, de préférence près de ses coins arrière; il passe sur des guides convenables *18* fixés à l'aéroplane supérieur et est d'une longueur telle que, lorsqu'il est relié à l'aéroplane inférieur, il reste tendu comme le câble *6*, ces deux câbles *6* et *17* jouant ainsi le rôle de raidisseurs dans la charpente de la machine. Le câble *17* est aussi préférablement muni de câbles auxiliaires *19*, opérant d'une manière analogue à celle des câbles auxiliaires *16* du câble *6*. La partie arrière centrale des cadres *3* avec les câbles de renforcement *a*, et les parties arrière des ailes latérales forment donc avec les tiges *5*, les guides *7* et *18* et les câbles *6*, *16*, *17* et *19* un système funiculaire à la fois rigide et déformable d'une nouvelle sorte qui permet de régler la position des coins arrière des aéroplanes tout en lui conservant les caractéristiques d'une charpente rigide. Quand le tambour *10* est mis en mouvement pour mouvoir le câble *6* à gauche, tirant ainsi vers le bas la partie arrière latérale main-droite de l'aéroplane supérieur, la partie correspondante de l'aéroplane inférieur est sensiblement abaissée grâce aux liaisons rigides formées entre les aéroplanes supérieur et inférieur par les tiges *5*.

Le mouvement vers le bas de cette partie de l'aéroplane inférieur actionné par le câble *17*, sert à élever la portion arrière, main-gauche de l'aéroplane inférieur et, par là, au moyen des tiges de liaison *5*, à élever la partie correspondante de l'aéroplane supérieur, communiquant ainsi simultanément une torsion hélicoïde aux ailes des deux aéroplanes.

En faisant tourner ainsi les parties arrière extrêmes des ailes autour d'axes situés dans leurs plans primitifs, on les force à se présenter sous des angles d'incidence variables à l'atmosphère, le côté présentant le plus grand angle d'incidence étant obligé de s'élever sous la pression plus grande résultant de l'action atmosphérique sur cette partie, tandis que le côté offrant le plus petit angle d'incidence tombe ou s'abaisse. Cette action permet à l'opérateur, par le réglage des angles d'incidence, de maintenir l'équilibre latéral de la machine ; mais elle tend à la faire tourner autour d'un axe vertical, parce que l'angle croissant d'incidence offre à l'atmosphère une plus grande résistance au mouvement d'avancement et permet à la partie de l'aéroplane ayant le plus petit angle d'incidence de se mouvoir en avant à une vitesse plus grande que la partie ayant le plus grand angle d'incidence. Pour maîtriser cet effet, l'on dispose à l'arrière de la machine un gouvernail vertical *20*, mobile autour d'un axe monté entre les bras *21* ; à la partie inférieure de l'axe est montée une poulie *22*, autour de laquelle passe un câble *23* permettant ainsi de faire tourner le gouvernail *20* pour obtenir une pression de l'air sur le gouvernail vertical du côté de la machine dont l'aile offre au vent le plus petit angle d'incidence. Un mouvement tournant peut être produit seulement par une combinaison de forces agissant dans des directions différentes ; l'inertie de la machine peut être l'une de ces forces et la pression sur le côté du gouvernail vertical, placé derrière le centre de la machine, peut être l'autre force. Dans la construction présente, l'inertie de la machine est combinée avec des forces actives produites par la pression du vent sur des surfaces verticales additionnelles, consistant en un gouvernail disposé en avant du centre de la machine et en une surface fixe, de préférence située en avant du centre de gravité de la machine. Cependant, cette disposition n'est pas indispensable et un couple satisfaisant peut être obtenu, soit par la combinaison de deux gouvernails réglables, soit par la combinaison d'un seul gouvernail réglable avec une surface fixe.

Cette construction est représentée dans les figures et consiste en un second gouvernail vertical *24* dont l'axe est monté sur les bras *25* disposés en avant de la machine. Ce gouvernail porte aussi, à la partie inférieure de son axe, une poulie *26* autour de laquelle s'enroule un câble qui est de préférence le même câble *23* qui est monté sur la poulie *22* du gouvernail arrière, ce câble étant croisé afin de faire tourner les gouvernails dans des directions opposées. Ainsi, par l'emploi de deux gouvernails, l'on obtient un couple tournant plus parfait. La vanne verticale fixe *27* peut être montée entre les bras *25* qui supportent le gouvernail avant *24* sur une traverse *d* ; elle agit avec les gouvernails réglables et, dans le cas où l'un de ces gouvernails est plus puissant que l'autre, elle aide, par sa résistance au mouvement latéral, le gouvernail le plus faible pour former un couple tournant et, si l'un des gouvernails est désemparé, elle maintient, avec l'autre qui reste, un couple tournant dans la même direction que précédemment. Les gouvernails réglables peuvent être commandés par n'importe quel appareil, mais il est préférable d'employer un tambour ou une poulie *28* autour de laquelle passe le câble *27*, qui est actionné par l'opérateur dans la direction désirée. Ce tambour *28* est de préférence monté sur l'arbre *11* et adjacent au tambour *10* ; il est muni d'une poignée *29* disposée à proximité de la poignée *13* et du tambour *10* et suffisamment rapprochée d'elle pour que, si on le désire, les deux manivelles *29* et *13* puissent être saisies avec une seule main et les deux tambours *10* et *28* actionnés simultanément, ou que chaque poignée puisse être commandée individuellement de l'autre. Le tambour *28* peut aussi être muni d'un frein, ce frein peut être d'un type quelconque ; c'est, par exemple, un collier fendu *30* fixé sur le tambour *28* et muni d'une vis moletée *31*, au moyen de laquelle on règle la friction entre le collier *30* et l'arbre *11*, ce qui permet d'amener les gouvernails dans toutes positions désirées et de les maintenir dans ces positions par la friction dudit collier, pendant que le tambour agit sous l'action de la force appliquée sur la manivelle *29*.

La résistance de l'air ne maintiendra pas les gouvernails en équilibre dans toute position où ils auront été amenés ; dans leur manœuvre, tantôt la pression de l'air facilitera leur réglage par l'opérateur, tantôt elle s'y opposera et augmentera les difficultés de ce réglage. C'est pour remédier aux inconvénients qui pourraient résulter de ces phénomènes, qu'un dispositif à friction a été intercalé entre le levier de commande et les gouvernails pour maintenir ceux-ci dans la position où ils ont été amenés.

Le frein est réglé de façon à surmonter l'action des forces perturbatrices produites par la pression du vent sur les gouvernails, sans être toutefois trop serré pour s'opposer à la commande des gouvernails par l'opérateur.

Un gouvernail horizontal *32* est disposé à l'avant de la machine ; son axe porte une poulie *33*, sur laquelle s'enroule un câble *34* qui passe sur un tambour *35* logé sur la plate-forme centrale et commandé par une poignée *36* mise à la portée de l'opérateur.

Ce gouvernail est maintenu dans chacune des positions où l'opérateur l'amène par un dispositif connu quelconque ; ce dispositif peut être, par exemple, un collier fendu dont la pression est réglée par une vis moletée.

Enfin, au lieu de rétablir l'équilibre de la machine au moyen de torsions hélicoïdes imprimées aux parties arrière des ailes latérales, l'on peut imprimer des mouvements analogues aux parties antérieures des ailes, l'avant de la machine étant alors articulé, tandis que l'arrière est indéformable, et la présente invention n'est nullement limitée au réglage et au rétablissement de l'équilibre latéral de la machine volante décrite ; un aéroplane formé d'un ou de 3, 4... n plans peut être équilibré de cette façon ; en outre, l'invention ne vise pas l'équilibrage latéral des aéroplanes par des torsions hélicoïdes de leurs plans de sustentation ; d'une façon générale, elle a pour objet l'équilibrage de ces machines par la combinaison de surfaces horizontales mobiles à angles d'incidence variables disposées sur les côtés droit et gauche de machine avec des gouvernails verticaux et des surfaces verticales fixes. Dans ce but, l'on peut donner, à droite et à gauche du centre de la machine, des valeurs différentes aux angles d'incidence de tout ou partie de la surface des ailes, soit en agissant sur les ailes situées d'un seul côté, soit en communiquant des déformations inverses aux ailes droite et gauche ; comme exemples de déformations simples et facilement applicables, l'on peut citer, outre la torsion hélicoïdale décrite : le relèvement des ailes d'un côté avec immobilisation des ailes du côté opposé, le relèvement des ailes d'un côté et l'abaissement simultané des ailes de l'autre côté, ces mouvements étant faits autour d'axes normaux ou transversaux à la direction du mouvement ; les mêmes relèvements autour d'axes analogues pour des parties de la surface des ailes, les parties mobiles étant de préférence disposées aux extrémités des ailes.

Aéroplanes Voisin. — Ces appareils, dont la forme a été vulgarisée par les journaux et les revues illustrées, sont des biplans qui diffèrent des précédents par un gouvernail de stabilisation, se composant d'une cellule placée très en arrière des plans de sustention. Ceux-ci, au lieu de présenter une surface à extrémités extérieures abaissées, ont une courbure transversale à concavité supérieure, peu accentuée toutefois, mais suffisante pour assurer un équilibre parfait. Le gouvernail de profondeur est disposé en avant des plans principaux, comme dans le système américain, ce qui est assez défectueux, car il résulte évidemment de cet agencement une très grande résistance à l'avancement et une perte de force sensible. Il eût été plus simple, semble-t-il, d'articuler la cellule d'arrière qui sert de queue stabilisatrice, et la faire mouvoir autour d'un pivot horizontal. Ce défaut a dû sans doute attirer l'attention des constructeurs, car leurs derniers modèles sont munis, non plus d'une cellule fixe, mais de deux plans, analogues aux plans sustenteurs et mobiles autour d'un axe situé en leur milieu.

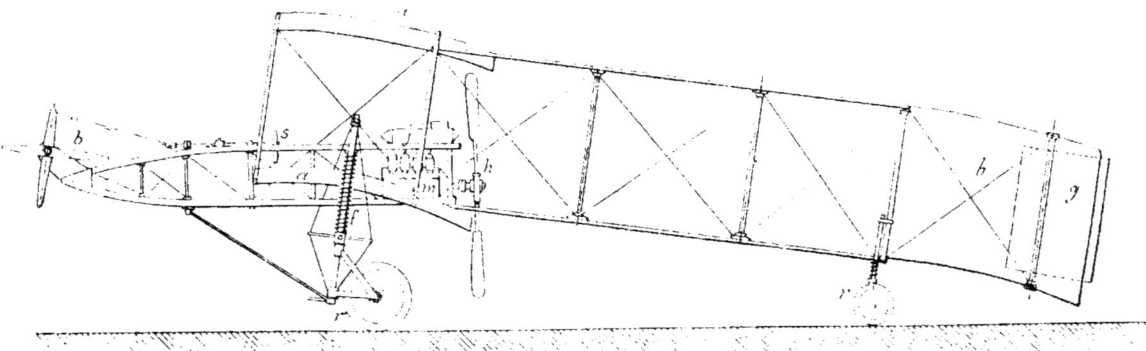

Fig. 20. — Biplan Voisin.

a a', Plans sustenteurs. — b, Équilibreur à l'avant ; b, Cellule stabilisatrice à l'arrière.
g, Gouvernail de direction. — h, Hélice à deux palettes. — f. Suspension du chariot.
m. Moteur. — r. Roues. — s. Volant de commande de l'équilibreur.

La matière première employée pour la construction du bâti et des nervures est le frêne. La densité de ce bois est supérieure à celle du sapin, mais il présente le grand avantage d'être beaucoup plus rigide et moins cassant que ce dernier. Les différentes parties : longerons, traverses, montants, sont travaillées comme des pièces de menuiserie ordinaires, d'après les dessins de l'ingénieur des études ; si elles doivent présenter des courbures, le cintrage est opéré sur une forme après que le bois a été ramolli par un séjour à l'étuve.

Toutes les pièces composant la carcasse ayant été ainsi profilées et numérotées d'après le plan d'exécution, on procède, d'une part à la construction des plans, d'autre part à l'assemblage du bâti. Les frères Voisin emploient, pour le recouvrement des ailes, la toile caoutchoutée. Les quatre côtés du cadre sont ajustés à tenons et à mortaise et les angles renforcés par des garnitures métalliques. Les nervures sont ensuite mises en places et l'étoffe est tendue par panneaux successifs juxtaposés, chaque lisière étant recouverte par le panneau suivant. On obtient ainsi un cadre absolument rigide, d'une longueur de 5 à 7 mètres, et présentant, aussi bien dans le sens de la longueur que dans celui de la largeur un profil absolument conforme au dessin dressé par l'ingénieur.

« Pour obtenir des surfaces correctes et parfaitement tendues, nous a écrit le constructeur Maurice Mallet, on commence par donner une tension provisoire à l'étoffe en n'enfonçant qu'à demi les petits clous (semence de tapissier) dans le bois du cadre et des nervures consolidant celui-ci. On tend ensuite plus fortement la toile en la tirant avec une pince non coupante, et l'on enlève au fur et à mesure les clous provisoires pour les remplacer par d'autres qu'on enfonce jusqu'à la tête. Enfin pour terminer et obtenir une voilure aussi tendue qu'un parchemin de tambour, on encolle toute la surface à la colle de peau ou à la gélatine. Le tissu dont l'emploi me semble préférable est le coton léger ayant préalablement subi plusieurs cylindrages. »

Les différents panneaux devant composer les plans sustenteurs ou stabilisateurs une fois terminés, on met en place les bras devant les panneaux réunis, et ces bras, en frêne, sont recouverts d'une gaîne du même tissu.

Suivant leur emplacement, les assemblages réunissant les diverses pièces composant le bâti sont formés soit d'une ganse serrée en ficelle de chanvre très retordue, où de pièces spéciales en alliage d'aluminium fondues d'après modèles. Sans entrer dans de trop minutieux détails, on peut dire que ces pièces facilitent le travail de montage et assurent une inébranlable solidité à l'assemblage, car elles sont très largement calculées pour donner pleine sécurité. De fait, on n'a jamais constaté jusqu'à présent de rupture en ces points de jonction. La rigidité du tout est d'ailleurs complétée par un système de croisillons et de haubans s'attachant aux endroits voulus et maintenus par des tendeurs très simples en laiton. Tout ce haubanage est en fil d'acier de 1 mm. 5 de diamètre doué d'une grande ténacité. Il en est ainsi dans les triplans.

Dans les modèles où, au lieu de deux longerons parallèles en frêne reliant la cellule stabilisatrice d'arrière aux plans sustenteurs, il est fait usage de quatre longerons formant les côtés d'une pyramide quadrangulaire tronquée, la tension de l'étoffe sur les quatre faces est obtenue par un procédé ingénieux qui doit être signalé en passant. Les bords de l'étoffe portent une série d'œillets, ou, mieux, d'agrafes à crochet hémisphérique, comme celles employées pour les chaussures de fatigue ou les guêtres, et qui permettent de réunir rapidement, tout en les tendant énergiquement, les côtés à l'aide d'un lacet passant successivement d'une agrafe et d'un panneau à l'autre situé sur l'autre face du longeron.

Les plans de sustention superposés des biplans et triplans Voisin sont réunis l'un à l'autre par des montants verticaux les maintenant à une distance d'environ 1 m. 80. Il y a un montant à chaque angle, deux plans chacun à 0 m. 80 de l'axe à l'appareil et deux plus faibles entre les montants centraux et ceux extrêmes, soit douze au total.

La partie centrale de l'aéroplane forme donc une espèce de cage, en avant de laquelle se trouve le plan jouant le rôle de gouvernail de profondeur, et dans laquelle le pilote prend place assis sur un ais léger lui servant de siège, et ayant devant lui un volant analogue au volant de direction d'une automobile, lui permettant d'agir sur le gouvernail. Le moteur est placé derrière le pilote, et le réservoir d'essence au dessus du plan sustenteur supérieur. Les côtés de la cage du pilote, de même que les montants réunissant les plans, sont consolidés par des tirants en fil d'acier (corde à piano) allant d'un angle à l'autre et formant ainsi une série de croix de Saint-André.

L'une des parties les plus intéressantes des aéroplanes Voisin est le dispositif de départ, qui consiste en un chariot placé exactement au dessous de l'emplacement du pilote, et qui comporte deux roues garnies de pneus comme des roues d'automobiles ou de motocyclette, et maintenues dans des fourches en acier, renforcées à la tête et reliées à l'aéroplane par des ressorts à boudin d'une élasticité calculée. Les plans ou cellules stabilisatrices d'arrière sont également pourvus d'une ou deux petites roues, de construction identique mais de diamètre beaucoup plus faible. Ces roues permettent à l'aéroplane de rouler sur le sol

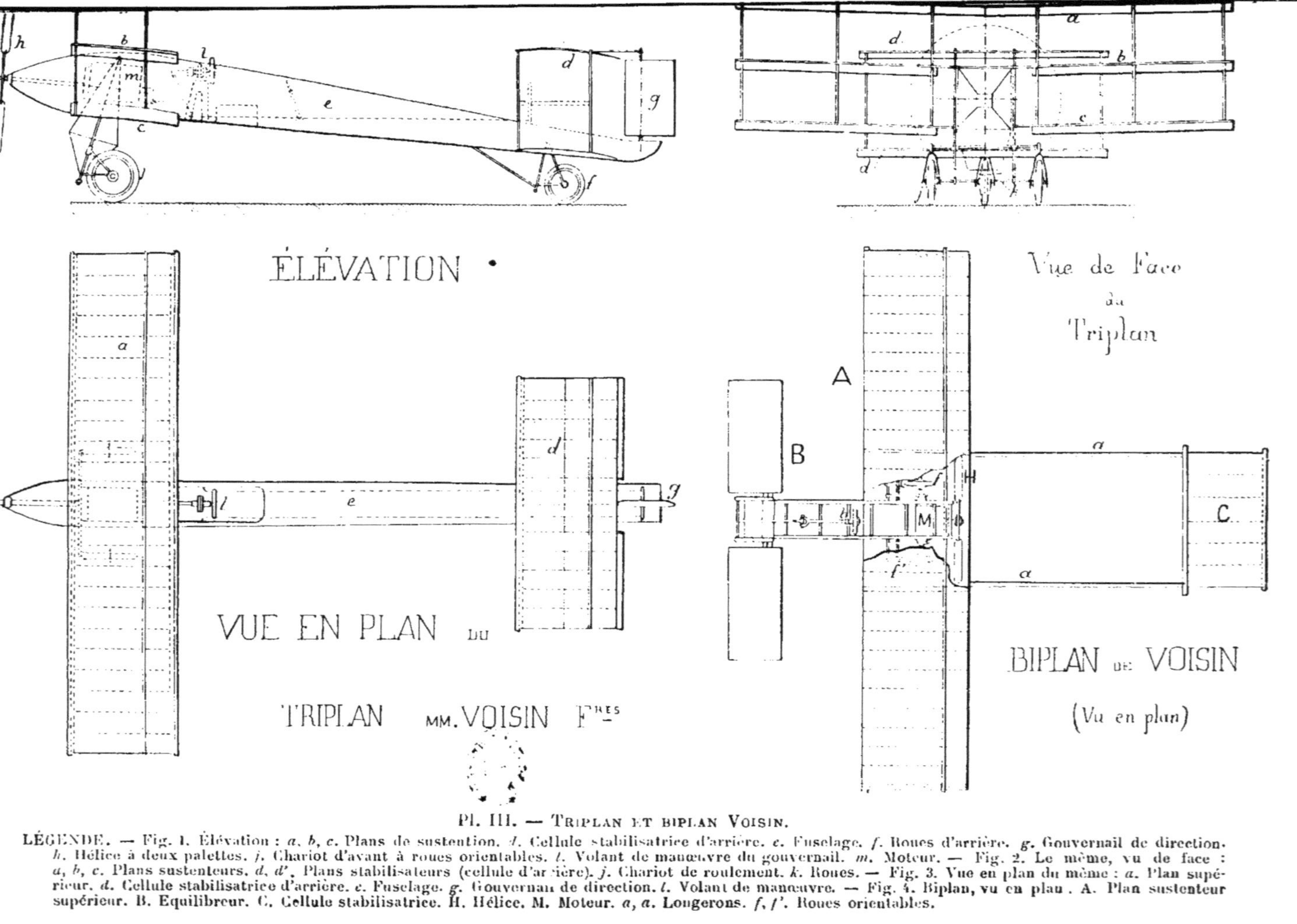

Pl. III. — TRIPLAN ET BIPLAN VOISIN.

LÉGENDE. — Fig. 1. Élévation : a, b, c. Plans de sustention. d. Cellule stabilisatrice d'arrière. e. Fuselage. f. Roues d'arrière. g. Gouvernail de direction. h. Hélice à deux palettes. j. Chariot d'avant à roues orientables. l. Volant de manœuvre du gouvernail. m. Moteur. — Fig. 2. Le même, vu de face : a, b, c. Plans sustenteurs. d, d'. Plans stabilisateurs (cellule d'arrière). j. Chariot de roulement. k. Roues. — Fig. 3. Vue en plan du même : a. Plan supérieur. d. Cellule stabilisatrice d'arrière. e. Fuselage. g. Gouvernail de direction. l. Volant de manœuvre. — Fig. 4. Biplan, vu en plan . A. Plan sustenteur supérieur. B. Equilibreur. C. Cellule stabilisatrice. H. Hélice. M. Moteur. a, a. Longerons. f, f'. Roues orientables.

sous la poussée de l'hélice, avant de prendre son essor, et elles amortissent le choc de l'atterrissage d'une façon telle qu'il n'est plus à redouter de rupture de pièces comme dans les débuts, bien que la vitesse de ces machines dépasse 15 mètres par seconde.

Pour conclure au sujet des modèles Voisin, on peut dire que leurs créateurs ont eu le mérite d'être les premiers à établir ce que l'on pourrait appeler la construction industrielle des aéroplanes en France. Ils ont dû, par conséquent, faire une étude complète de chaque pièce entrant dans la fabrication de ces appareils, usiner ces pièces et vérifier leurs qualités à l'usage. Enfin ils se sont efforcés de donner le maximum de rigidité à l'ensemble sans nuire à la légèreté, qualité primordiale en pareille matière, et à rendre enfin l'appareil aussi stable et aussi pratique qu'une automobile. Ce qui n'empêche cependant de penser que ce modèle est encore très perfectible, car il ne dépense pas moins de 40 chevaux-vapeur pour transporter un voyageur à la vitesse moyenne de 60 kilomètres à l'heure, dépense qui peut être diminuée et vitesse qui peut être sensiblement accrue par des améliorations de détail, que l'on entrevoit facilement. Quoi qu'il en soit, ce type d'aéroplane semble supérieur comme conception théorique à celui des frères Wright et il fournit une vitesse sensiblement plus élevée.

Monoplans modèle « Antoinette ». — Beaucoup d'aviateurs attachent une grande importance à la simplification de l'appareil de vol, prétendant, non sans raison, que, plus l'appareil est simple et dépourvu de saillies, de haubans, et moins il rencontre de résistance à sa pénétration et à son avancement dans l'air. L'aéroplane idéal serait donc l'obus cylindro-ogival ou le fuseau dyssymétrique avec le gros bout en avant, comme dans l'aéronat *la France*, de Renard et Krebs, fuseau muni de deux ailes latérales, inclinées d'avant en arrière par rapport à l'axe.

Les monoplans peuvent présenter des formes très différentes, mais qui peuvent en somme se ramener à deux types principaux, le plan mince et l'aile concave. La construction des plans minces est facile. On prend, pour le contour de l'aile, des perches de frêne de 2 mètres de longueur, que l'on amincit au rabot jusqu'à leur donner l'épaisseur voulue. On les courbe ensuite, après les avoir soumises à l'action de la vapeur qui les ramollit, et on y ajuste les nervures principales et secondaires, qui forment une sorte de réseau sur lequel on tend ensuite l'étoffe devant servir de voilure. Si l'on veut donner à la surface alaire une forme ellipsoïdale, l'envergure étant de 1 : 8, c'est-à-dire dans le rapport de 8 mètres de largeur transversale pour 1 mètre de longueur, et que l'on désire donner à l'aéroplane une envergure de 16 mètres, on divisera ce chiffre par 2, et l'on établira deux ailes demi-ellipsoïdales mesurant 2 mètres de petit axe et 7 m. 50 de grand axe, les deux moitiés d'ellipse devant être séparées, au milieu, par un espace vide de 1 mètre.

Ainsi donc, pour la fabrication d'ailes planes de cette forme, on courbe, suivant le tracé obtenu mathématiquement, des verges de frêne que l'on relie les unes aux autres par des garnitures en ficelle formant une ganse serrée, et que l'on enduit ensuite de colle de pâte claire. Les nervures transversales et longitudinales sont ensuite mises en place de la même manière, et c'est quand toute la carcasse est terminée que l'on tend à sa surface le tissu servant de voilure en suivant les procédés de Mallet, de Chanute ou de Voisin. Les nervures sont recouvertes d'une gaîne d'étoffe pour avoir une surface aussi lisse et aussi tendue que possible ; il semble utile de passer une couche de vernis sur toute la superficie pour encoller les fibres du tissu ; on obtient ainsi, en fin de compte, une surface plane sans la plus petite aspérité, et tellement tendue qu'elle résonne comme un tambour si on la heurte avec le doigt replié.

La détermination de l'angle d'incidence maximum à adopter pour ces plans lorsqu'on les fixe au bâti de l'aéroplane, dépend, ainsi, que cela a déja été dit, de la force portante que l'on veut donner à ces ailes en raison de la vitesse de progression de la machine volante. On a, théoriquement, avantage à n'employer que de petits angles mais il ne faut pas oublier, d'autre part, que le plan sustenteur qui glissera dans l'air sous le plus petit angle, devra avoir une surface double de celle qui serait nécessaire si l'angle d'attaque était deux fois plus ouvert, la résistance de l'air, et par conséquent la puissance sustentatrice d'un plan étant, dans les petits angles, sensiblement proportionnelle au sinus de l'angle d'incidence. Il résulte de ces considérations que si, d'une part, l'emploi d'un grand angle d'attaque permet d'économiser une certaine quantité d'énergie motrice, d'autre part la nécessité d'avoir des plans beaucoup plus vastes fera perdre une partie de cet avantage, car la construction de plans de grande superficie est plus difficile et on n'évite pas aisément des déformations, des gauchissements qui augmentent la résistance éprouvée pour sa pénétration, de même que la présence de haubans et tendeurs plus nombreux qui ont le même effet nuisible. Un plan de surface double d'un autre subira donc de ce fait une résistance double à l'avancement et son poids sera également double de l'autre. Sans vouloir cependant faire des plans trop petits et présentant une excessive obliquité sur l'horizontale, on peut dire que l'angle qui semble le plus convenable peut aller jusqu'à 10 pour 100 d'inclinaison des plans sur la direction de leur mouvement, ce qui correspond à un angle d'environ 5 degrés. Si l'on voulait obtenir, toutefois, une vitesse de vol supérieure à 12 ou 15 mètres par seconde, il faudrait rester au-dessous de cette valeur. De toute façon, ce serait une erreur de diminuer outre mesure la surface des plans dans le but d'économiser du poids ou d'augmenter la vitesse. Il ne faut pas oublier, — et c'est là l'une des plus graves objections que l'on a adressées à la locomotion aérienne par aéroplanes à vol rapide, — que les moteurs leur fournissant la propulsion et la sustention sont, quels qu'ils soient, sujets à déréglage et à panne subite, d'où sécurité fort aléatoire pour les passagers. Il est donc prudent d'envisager cet arrêt imprévu de l'action motrice, de façon à parer à une catastrophe possible résultant d'une lourde chute verticale, et c'est pour cette raison encore que l'on doit conserver une étendue suffisante aux plans sustenteurs pour permettre une descente oblique à l'appareil dépourvu de son énergie motrice, et donner à son pilote la possibilité de diriger sa machine comme un simple planeur sans moteur. De cette façon il sera possible, en cas d'avarie survenant pendant le vol, de regagner le sol en descendant suivant une pente très peu inclinée, et le pilote aura le temps de choisir le point le plus convenable pour opérer son atterrissage.

La surface des plans sustenteurs doit donc être déterminée, en partie, par la prudence, et rester telle que ceux-ci puissent encore soutenir la charge même lorsque, pour une cause quelconque, la vitesse deviendrait insuffisante pour maintenir la sustention. La limite du poids à faire supporter à ces plans sera, dans tous les cas, de 20 kilogrammes par mètre carré au maximum : c'est la charge de l'avion d'Ader et des aéroplanes de Farman et de Ferber ; on pourrait dépasser un peu ce chiffre et le porter à 25 ou 28 kilog. avec des ailes à surface inférieure concave (type Goupil). De toute façon, si l'on possède un moteur plus puissant qu'il n'est nécessaire, il vaudra mieux, au lieu de diminuer l'étendue des plans sustenteurs, chercher à avoir une vitesse plus grande en restreignant l'incidence de ces plans sur la trajectoire décrite.

L'avantage de pouvoir faire varier à volonté en cours de route cette incidence étant indéniable, les plans seront donc agencés de telle manière qu'ils aient, par rapport à l'axe général et longitudinal, un angle moyen, entre le maximum de 10 pour 100 et le minimum de 3 à 4 sous lequel il se soutiendrait encore dans le cas où la vitesse diminuerait sensiblement. Cet angle serait donc d'environ 6 pour 100, d'où une inclinaison moyenne à donner au plan, par rapport à l'axe du corps, égale à environ 8 pour 100.

Les plans stabilisateurs n'ont pas une moindre importance, dans une machine volante, que les plans sustenteurs. Il est absolument indispensable qu'ils soient assez éloignés de ceux-ci pour avoir une entière efficacité, et le jeu de cet espèce d'empennage stabilisateur est facile à comprendre.

En effet, plus la queue se trouvera rapprochée du corps de l'appareil et davantage ses mouvements devront avoir de rapidité et d'amplitude, aussitôt qu'une dénivellation accidentelle viendra à se produire dans le sens longitudinal. L'oiseau, être animé, corrige instantanément, par un réflexe aussi rapide que la pensée, et purement instinctif, les changements d'équilibre de son corps, en braquant aussitôt l'éventail que forment les plumes de sa queue, soit vers le haut, soit vers le bas. On conçoit qu'il serait presque impossible à un appareil mécanique, même dirigé par un pilote extraordinairement habile, d'agir avec une pareille promptitude. M. Goupil avait songé à munir les aéroplanes de surfaces régulatrices, placées au centre de carène, à l'instar des gouvernails d'immersion des bateaux sous-marins, et dont les mouvements auraient été commandés automatiquement, à chaque variation d'équilibre longitudinal, par un pendule suspendu à l'intérieur du corps de l'oiseau artificiel; mais c'était là une bien grande complication, et il est beaucoup plus simple, pour obtenir le même résultat, d'éloigner des plans sustenteurs la cellule ou la surface faisant office de queue. De cette façon, l'appareil tendant à perdre son équilibre longitudinal ne décrira dans le plan vertical que des oscillations de peu d'étendue, en raison de leur grand rayon, ce rayon augmentant proportionnellement à la distance séparant la surface de stabilisation de la surface de sustention.

« L'importance de la disposition à employer pour la queue d'un aéroplane, dit M. Tatin, est telle qu'on peut hardiment affirmer que, de cet organe, dépendent à la fois et la sécurité de l'équilibre et la facilité de toutes les manœuvres ; on peut l'établir de telle façon que l'on n'ait presque pas à s'en occuper en cours de route; il suffit pour cela que sa distance et son inclinaison par rapport au plan sustenteur soient bien celles qui conviennent à l'appareil. Si la queue est trop rapprochée, si l'angle qu'elle forme avec les ailes est tant soit peu accentué, aussitôt que l'appareil atteindra sa vitesse normale il se cabrera ; sa vitesse diminuant alors, il devra revenir au sol ; nous en avons eu de nombreux exemples. Un tel inconvénient peut être évité en manœuvrant rapidement : d'abord en abaissant la queue pour enrayer l'élévation trop rapide, suivant une courbe à concavité supérieure ; puis, aussitôt après, par un léger mouvement inverse, ramener l'appareil à l'horizontalité. L'équilibre des aéroplanes, tant transversal que longitudinal, peut donc être facilement obtenu automatiquement. »

Suivant la vitesse de progression de l'aéroplane, il est nécessaire de faire varier l'inclinaison des plans sustenteurs sur la trajectoire décrite, mais si la queue faisait un angle fixe par rapport à ceux-ci, elle s'opposerait à toute variation de l'incidence; aussi doit-elle avoir une certaine mobilité, de manière à ce que son plan puisse constamment coïncider avec la direction de la marche. Mais alors, si l'on donne une certaine mobilité à cette surface régulatrice, par exemple en l'articulant sur deux tourillons, on peut, en augmentant sa course autour de son pivot horizontal, en faire en même temps un gouvernail de profondeur permettant de régler la course dans le sens vertical. La surface horizontale auxiliaire ordinairement placée à l'avant pourrait être alors supprimée, au grand bénéfice de la simplicité et du rendement en vitesse pour une même dépense de travail moteur.

Aéroplanes à corps d'oiseau. — Ce type d'appareil que représente la planche II, a été imaginé par M. Goupil, et il se distingue des précédents par la forme complètement différente des plans de sustention qui sont de véritables ailes reliées à un corps central fusiforme rappelant l'aspect du corps d'un oiseau. Dans le modèle de

Fig. 21. — Courbure des fermes constituant les ailes de l'aéroplane.

M. Goupil, l'envergure (longueur des ailes) était égale à leur largeur près du corps, dans le but d'obtenir, en projection horizontale, une forme presque circulaire et faire de l'oiseau une sorte de parachute, en cas d'avarie subite au mécanisme, amenant l'arrêt du vol. La queue, en forme d'éventail, faisait immédiatement suite aux ailes. L'appareil, construit en grandeur d'exécution par M. Goupil avec M. Ninnin, capitaine d'artillerie, fut essayé en 1887 au polygone de Vincennes, mais à l'état captif, comme un simple cerf-volant, et, comme tel, il montra une remarquable stabilité. Comme volateur, libéré de sa ficelle de retenue, les résultats auraient sans doute été intéressants.

Voici, d'après M. Goupil, comment cet aéroplane fut fabriqué :

« Je me procurai, m'écrivait à cette époque le savant aviateur, des verges de sapin rouge mesurant 25 millimètres de largeur et 5 milli-

mètres d'épaisseur sur des longueurs variables dépendant de l'usage
auquel chacune de ces tiges plates allait être appliqué. Les extrémités
furent amincies et arrondies, puis ces verges mises à tremper pendant
quarante-huit heures dans l'eau pour les ramollir. Il devint alors possible de les cintrer suivant le gabarit voulu en les maintenant entre
deux lignes de gros clous (fig. 19) enfoncés dans une aire en planches
sur laquelle les courbes avaient préalablement été tracées à grandeur
d'exécution. Cela fait, on laissa séjourner ces pièces pendant deux
jours, jusqu'à complète dessiccation.

« Pour assembler ces couples, on commença par les entretoiser,
comme le montrent les figures. Les entretoises étaient maintenues en
place par un clou enfoncé, suivant l'axe, à travers le bois de chaque

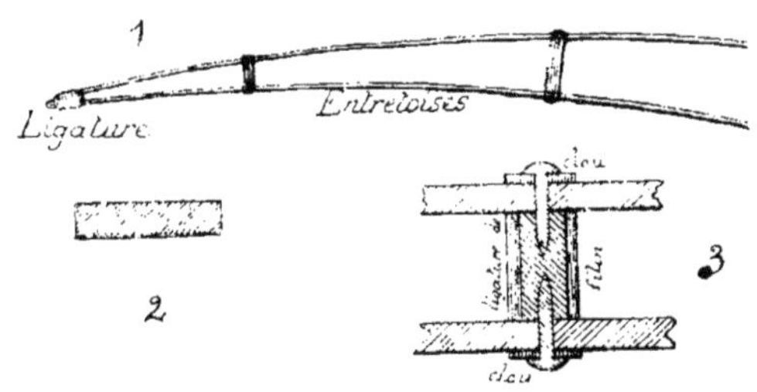

Fig. 22. — Construction d'un aéroplane, d'après Goupil.
1. Accouplement des verges de sapin.
— 2. Section de ces verges. — 3. Entretoisement.

membre, puis, pour empêcher leur écartement ultérieur, on exécuta
une torsade en ficelle très serrée autour des deux couples et extérieure-
ment. Les extrémités des tiges furent reliées ensemble par un moyen
identique, et on obtint, en définitive, six arceaux, représentant les sec-
tions transversales du futur aéroplane.

« Toutes ces *fermes* ou arceaux furent alors associées comme autant
d'anneaux successifs, et à des distances égales les unes des autres, par
d'autres verges longitudinales, maintenues à chaque point d'intersec-
tion par des ligatures en fil ciré. Cette carcasse ainsi préparée, les
vides entre les arceaux et les membrures transversales ou longitudinales
furent séparés par des nervures en osier, simplement destinées à supporter l'étoffe et lui assurer une tension régulière en tous les points.
Cette étoffe était du pongée de Chine ; les divers morceaux avaient été
découpés sur patrons d'après une épure géométrique précise de chaque
section du corps.

L'aéroplane est donc entièrement revêtu, en dessus et en dessous, de cette étoffe, et il affecte, vu de face, l'aspect d'un oiseau ayant les ailes déployées. Ces ailes présentent par rapport à l'axe longitudinal du corps, une obliquité d'avant en arrière de 6 degrés sur l'horizontale ; leur épaisseur est maximum à peu de distance du bord antérieur et leur section rappelle celle de l'aile de l'oiseau représentée figure 14. On y remarque donc la concavité à laquelle M. Goupil attache tant d'importance. Enfin l'oiseau devait être monté sur un petit chariot à trois roues pour le lancement et la mise en vitesse ; l'hélice unique était à l'avant, à la place du bec, et la queue disposée immédiatement dans le prolongement du corps, ce qui est défectueux comme on sait.

Il est possible toutefois d'améliorer ce modèle, en conservant ce qu'il a de meilleur et en le modifiant suivant les indications récentes de l'expérience. La planche IV donne le plan d'un aéroplane dérivant du système Goupil et dans lequel se trouvent appliquées les plus récentes théories.

Cet appareil présente une envergure de 9 m. 75, la longueur du corps central fusiforme est de 5 m. 50 et le maître-couple se trouve à 2 mètres de sa pointe avant. La largeur des ailes est de 2 m. 60 près du corps ; elles sont arrondies en ellipse à leur extrémité, la surface totale utilisée et exposée à l'action de l'air est de 25 mètres carrés. Le diamètre du corps central au maître-couple est de 1 m. 10. Le plan, assurant la stabilité automatique du vol, sert en même temps de gouvernail de profondeur ; c'est une surface de 3 mètres carrés 8, articulée sur une charnière horizontale disposée à 3 m. 25 de la pointe arrière du fuseau, entre deux longerons s'écartant de manière à former les deux côtés d'un triangle isocèle. L'hélice propulsive à deux palettes, de 2 mètres de diamètre, est disposée dans le vide des longerons, à 2 m. 80 de la pointe. Cette disposition oblige à employer un arbre de couche un peu long (6 mètres), mais elle permet, en revanche, de lui donner un point d'appui sur la charnière du plan stabilisateur et d'éviter le montage en porte-à-faux de l'hélice. Un panneau d'étoffe tendue verticalement dans l'axe du plan d'arrière, dont une partie est mobile autour d'un axe vertical, sert à la fois d'empennage et de gouvernail de direction. Le départ est assuré par la présence d'un chariot à deux roues, analogue à celui des aéroplanes Voisin ; pour éviter la détérioration de l'empennage stabilisateur, cet organe est pourvu, au point où il pourrait venir au contact du sol, de petites roues très légères et folles sur leur axe.

Les matériaux entrant dans la construction de cet appareil sont le frêne ou le sapin rouge pour la carcasse du corps et des ailes. Les ligatures reliant les diverses parties de la membrure et l'entretoisement sont exécutées de la façon qui a été expliquée pour le modèle Goupil. Les tendeurs, haubans en fil d'acier, etc., sont au nombre de 26; l'appareil forme un solide entièrement fermé dont la résistance à l'avancement est minimum. Le poids total de l'aéroplane est d'environ 250 kilogs. En le chargeant à raison de 20 kilogs par mètre carré de surface, il resterait 200 kilogs de disponible pour le moteur et les passagers.

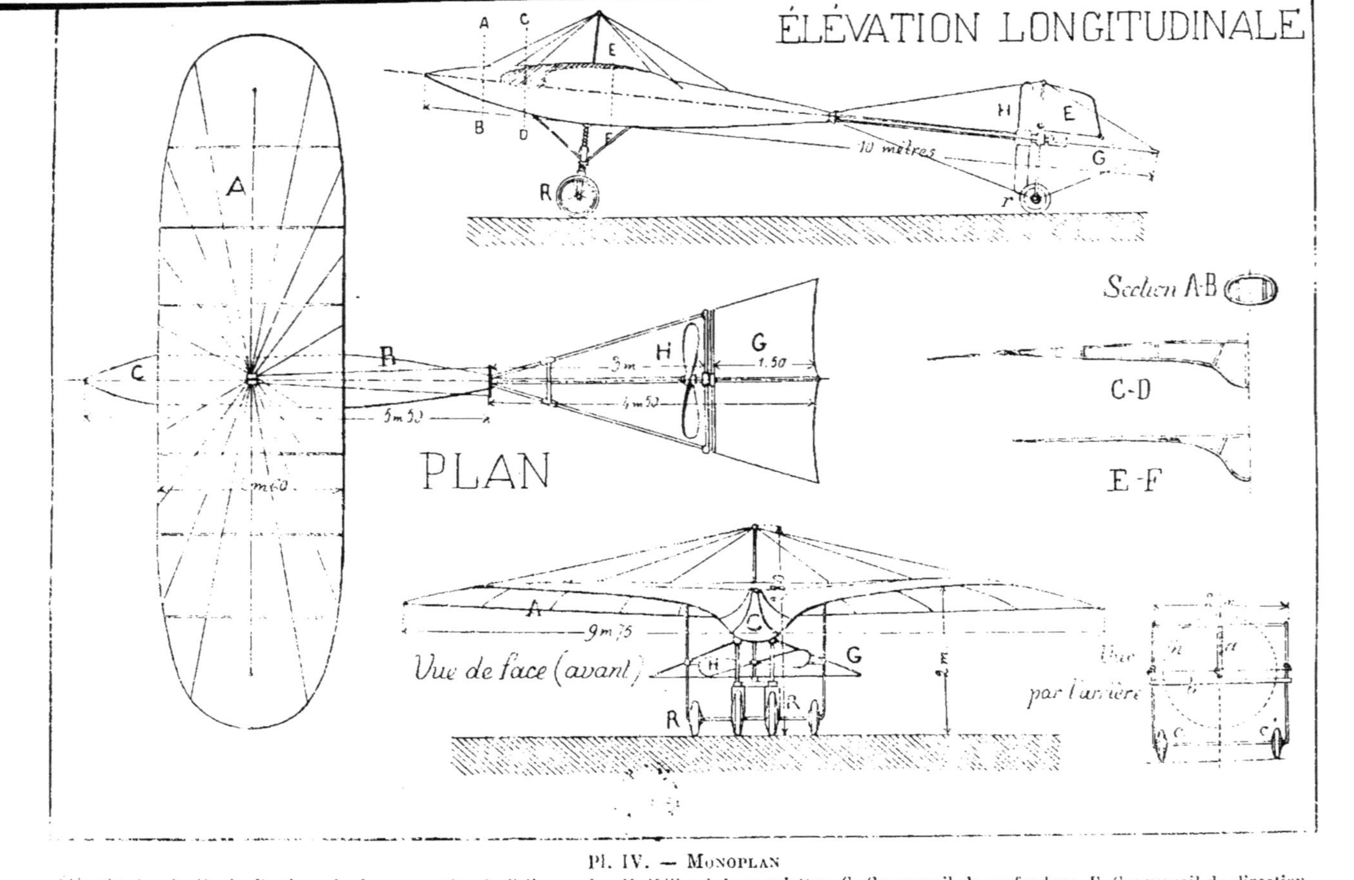

PL. IV. — MONOPLAN

Élévation longitudinale. Partie en hachures, section de l'aile gauche. H. Hélice à deux palettes. G. Gouvernail de profondeur. E. Gouvernail de direction. R. Chariot d'avant, à ressort de flexion. r. Roues d'arrière. — *Plan :* A. Surfaces de sustention. B. Fuselage. C. Partie avant. — *Vue de face par l'avant :* A. Ailes. C. Partie avant du fuselage. G. Surface stabilisatrice de l'arrière. H. Propulseur. R. Chariot de roulement. — *Vue par l'arrière :* a. Gouvernail de direction. b. Gouvernail de profondeur. h. Cercle décrit par l'hélice. c, c. Roues. — Longueur du fuselage, 5 m. 50. — Envergure, 9 m. 75. — Largeur des plans, 2 m. 60. — Surface totale, 25 mètres carrés. — Surface du gouvernail de profondeur, 2,8 mètres carrés. — Longueur totale, 11 mètres.

CHAPITRE VI

LES MOTEURS D'AÉROPLANES

La condition essentielle, primordiale, que doit remplir un moteur d'aéroplane est de présenter une extrême légèreté, sans cependant, bien entendu, que cette légèreté soit obtenue au détriment de la solidité de ses organes. Dès que l'on eut compris que la clé de la navigation aérienne résidait dans la vitesse propre dont l'appareil serait doué, on chercha à établir des moteurs légers, et l'illustre ingénieur Giffard créa la première machine à vapeur légère pour l'appliquer à ses ballons fusiformes de 1852 et de 1855. Cette machine pesait, avec ses approvisionnements d'eau et de charbon pour trois heures de marche, 250 kilogrammes, et développait 3 chevaux-vapeur, c'est-à-dire que le poids par cheval-heure était de 83 kilogrammes.

Lorsqu'en 1883, les frères Tissandier, et, en 1885, Renard et Krebs songèrent à appliquer l'électricité à la direction des ballons, ils firent usage, les premiers, de piles au bichromate de potasse, les seconds de piles à l'acide chloro-chromique beaucoup plus énergiques. Le poids, par cheval-heure, de l'appareillage électrique de l'aéronat la *France*, atteignait 30 kilogs. C'était déjà un gain de plus de moitié sur la machine à vapeur de Giffard, mais c'était encore insuffisant. Il fallait trouver mieux encore.

Dix-huit années se passent ; Santos-Dumont entre à son tour dans la lice et il recourt à une autre source d'énergie motrice, au moteur à gaz tonnant, arrivé en 1902 à un point suffisant de perfection pour permettre son application à la locomotion atmosphérique. Lors de l'ascension du 21 septembre 1902, au cours de laquelle l'aéronaute brésilien exécuta le circuit des coteaux de Saint-Cloud à la tour Eiffel et retour, en 30 m. 40 s., ce qui lui valut le prix Deutsch de 100.000 fr.; le moteur dont il se servit avait une force nominale de 16 chevaux et pesait, avec ses accessoires et le combustible nécessaire pour une heure de marche, 180 kilogs, soit 11 kilogs par cheval-heure.

En 1907, les aéroplanes entrent dans la phase de l'expérience pratique. et lorsque Santos réussit son premier bond de 25 mètres, qui donna la démonstration décisive que l'aviation n'était pas une utopie, comme beaucoup de personnes l'affirmaient, la machine qui lui permit d'accomplir cette prouesse était encore un moteur à essence, type de moteur pour automobile, mais extraordinairement allégé et ne pesant que 2 à 3 kilogs par cheval-vapeur effectif, dû à l'ingéniosité d'un habile mécanicien, M. Levavasseur, qui avait donné le nom d'*Antoinette* à sa création. Depuis lors, le moteur à essence règne sans conteste, et c'est le seul système que l'on trouve à bord des machines volantes actuelles.

Est-ce à dire que c'est le seul qui soit d'un emploi possible pour la locomotion aérienne? Une semblable affirmation serait quelque peu absolue et l'on peut croire que l'on pourra avoir mieux encore dans l'avenir. La vapeur d'eau n'a peut-être pas dit son dernier mot en matière de moteurs extra-légers, et rien ne s'oppose à ce que, par un cycle de fonctionnement nouveau, on ne parvienne à en faire le moteur idéal, dont l'élasticité de marche laisserait loin en arrière le moteur à explosion, dont l'action sera toujours brutale. La vapeur a d'ailleurs déjà servi à actionner un appareil plus lourd que l'air : l'*Avion* d'Ader était mû par une machine à vapeur de 20 chevaux qui était une véritable merveille de mécanique, et dont le poids, avec son condensateur à surface n'était que de 3 kilogs 5 par cheval-vapeur (à vide, bien entendu). La preuve m'a d'ailleurs été donnée que l'on cherche encore dans cette voie, car j'ai assisté récemment aux ateliers des frères Voisin, aux essais d'un moteur léger, recevant sa vapeur d'un générateur à tubes Serpollet, chauffé par des brûleurs à pétrole.

L'électricité n'a pas non plus, peut-on penser, dit son dernier mot et peut-être trouvera-t-on à utiliser un jour d'autres sources d'énergie, tels que les gaz liquéfiés, par exemple. Cependant, les premiers essais de moteurs à acide carbonique par Vuia, n'ont pas été heureux, il faut le reconnaitre, mais on peut espérer que l'on découvrira, dans un avenir prochain, d'autres procédés de traction des aéroplanes. La science marche et ne saurait s'arrêter dans sa course vers le toujours plus parfait.

Actuellement, on n'emploie donc que les moteurs à explosion, alimentés d'essence légère et dérivant du moteur d'automobile, dont ils représentent le *nec plus ultra* de légèreté, car ils ne pèsent pas beaucoup plus, en général, de 1 kilo par cheval, ce qui montre jusqu'à l'évidence que d'énormes progrès ont été réalisés depuis la chaudière de Giffard et la pile de Renard.

Il est donc de toute nécessité, dans ce petit ouvrage pratique, de parler des moteurs et des propulseurs, dont l'importance est identique en matière de locomotion aérienne, au bâti et aux plans assurant la sustention de la machine volante, et c'est pourquoi on trouvera, dans le présent chapitre, la description des divers types de moteurs qui se disputent la faveur des aviateurs, c'est-à-dire des moteurs *Antoinette*, de l'ingénieur Levavasseur, R. E. P., de M. Robert Esnault-Pelterie et des aéromoteurs extra-légers de M. Ambroise Farcot, qui sont parmi les plus connus, car on peut encore mentionner, parmi les modèles en cours de construction ou d'essais, ceux de la Société l'*Aster*, de la Société *Unic*, de Gobron, de Vinot-Deguingand, etc., qui pèsent tous moins de 5 kilogs par cheval.

MOTEURS « ANTOINETTE »

Le moteur *Antoinette*, universellement connu par les performances qu'il a permis d'accomplir sur terre, sur l'eau et dans les airs, a été inventé en 1903 par l'ingénieur Levavasseur. Il se caractérise tout d'abord par le grand nombre de petits cylindres qu'il comporte, ce qui permet de fractionner l'effort total résultant de la déflagration du mélange tonnant, en employant, au lieu d'une explosion unique par tour d'arbre, un très grand nombre de petites explosions successives. Cette manière de procéder donne le moyen de faire travailler toutes les pièces à l'effort normal pendant toute la durée de la rotation, au lieu qu'avec une seule explosion, l'action motrice est presque instantanée, ce qui oblige à calculer les pièces pour l'effort maximum s'opérant pendant ce court instant. On est donc amené, pour répondre à ce programme, à faire des cylindres plus petits, mais en plus grand nombre : de huit à seize et davantage, si c'est nécessaire, pour les grandes puissances. Une des qualités primordiales d'un moteur à explosions, quelles que soient ses applications, c'est d'avoir le moins de trépidation possible, et, pour arriver à ce résultat, il faut : 1° que le centre de gravité de l'ensemble des pièces soit immobile ; 2° que le couple soit constant.

La première condition est facile à réaliser, mais la seconde ne peut être obtenue que par un certain nombre de cylindres, avec plus de quatre, pour en obtenir un couple positif, avec huit, car on peut alors supprimer le volant.

Le moteur à huit cylindres a, en plus de ces avantages, un autre plus sérieux résultant de la continuité de son couple, c'est la possibilité de le faire tourner dans les deux sens au moyen d'un mécanisme placé sur l'arbre des cames.

Cette manœuvre se fait par la simple traction d'un bouton placé à l'extrémité de cet arbre, le moteur produisant automatiquement le changement de calage des cames.

On sait qu'au point de vue fonctionnement, il possède les avantages

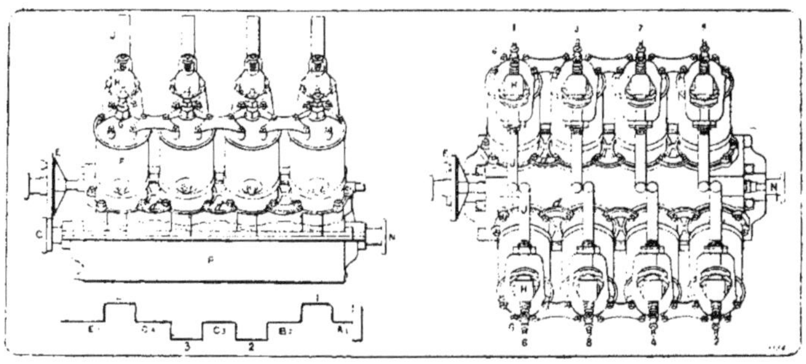

Fig. 23 et 24. — Vues extérieures du moteur Antoinette à 8 cylindres.
(Elévation et vue en plan.)

F. Cylindres. — P. Carter. — H, H. Aspiration. — J, J. Tubes
d'échappement.

d'un moteur à vapeur à changement de marche, ou d'une machine marine, et qu'il se met en marche très rapidement.

Quant à la légèreté, elle est obtenue en employant l'aluminium partout où le métal n'a pas d'efforts à supporter. En calculant, après de nombreuses expériences, les dimensions de toutes les pièces, de manière à pouvoir les réduire au minimum, tout en conservant un coefficient de sécurité considérable ; en tournant tous les cylindres à l'extérieur, pour avoir des dimensions voulues, cela oblige à rapporter une enveloppe extérieure en laiton pour assurer la circulation d'eau.

Pour ne pas dépasser un poids massique supérieur à 2 kilogs par cheval, on a adopté la méthode de montage suivante :

Le cylindre complet se compose de trois pièces essentielles : le corps de cylindre en fonte ou en acier, une fausse culasse en aluminium et l'enveloppe en laiton. Les sièges de clapets d'aspiration et de refoulement sont en acier au nickel inoxydable.

Le cylindre a la forme d'un tube presque fermé à son extrémité et portant deux collerettes, l'une qui sert à fixer sur le bâti, l'autre servant à la circulation d'eau.

Bâti. — Le moteur se compose d'un bâti ayant la forme d'un prisme triangulaire, l'angle du sommet étant droit et les deux angles égaux. Sur chacune des faces inclinées à 45 degrés, se trouvent placés quatre cylindres. Un arbre unique à quatre manivelles, placées dans le même plan, reçoit son mouvement des huit cylindres. Les bielles sont par

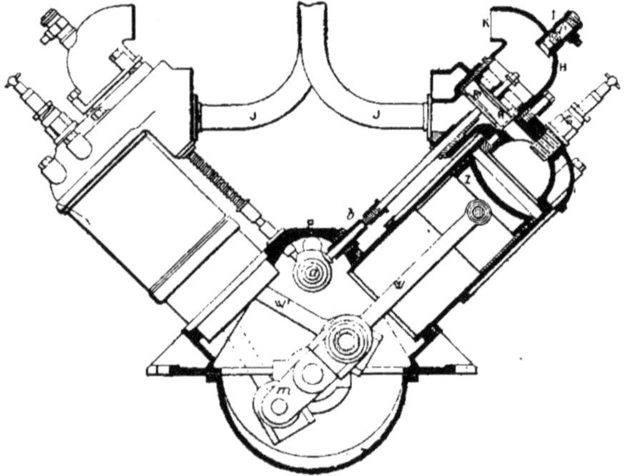

Fig. 25. — Moteur Antoinette de 50 chevaux, 8 cylindres,
coupe par les cylindres.

Z. Piston. — R. Soupape d'aspiration. — R'. Soupape
d'échappement. — H. Tube d'admission. — I. Dispositif
pulvérisant l'essence. — P. Carter inférieur. — S. Patte
d'attache.

paires placées sur la même manivelle et commandées par deux cylindres faisant entre eux un angle droit. Un arbre à cames commande les huit clapets d'échappement; les soupapes d'admission peuvent être également commandées par le même arbre.

Les cylindres sont fixés sur le bâti au moyen de brides qui maintiennent chacune deux de ces cylindres; ces brides s'appuient sur des collerettes circulaires disposées à la base, de telle façon que chaque cylindre peut être complètement usiné sur le tour. En plus des deux cloisons des extrémités, le bâti possède trois autres cloisons intérieures, et l'arbre manivelle est supporté par cinq paliers.

La fausse culasse qui porte la boîte à clapets réunit par un conduit cette boîte au cylindre et sert, en même temps, d'enveloppe d'eau.

Grâce à la grande conductibilité de l'aluminium, les sièges de clapets placés sur ce métal, qui est lui-même entouré d'eau, sont refroidis. Des essais ont lieu en ce moment aux ateliers Antoinette, avec des nouveaux cylindres d'une seule pièce, entièrement en acier. Avec cette modification, comme il n'y a plus de culasse rapportée, la chemise d'eau sera faite en cuivre rouge en deux pièces. Le poids de l'ensemble pourra encore être réduit dans de certaines limites, M. Levavasseur pensant constamment à perfectionner et à améliorer le rendement de ses moteurs.

L'allumage des cylindres a lieu au moyen d'une seule bobine à trembleur pouvant donner huit cents étincelles à la seconde, et d'un distributeur de courant secondaire, envoyant successivement le courant aux bougies des huit cylindres, ou encore au moyen d'un petit alternateur auto-excitateur à haute fréquence, actionné par le moteur lui-même pendant la marche à la main pour le départ. Ces deux systèmes d'allumage qui produisent, pendant le temps nécessaire, un arc continu aux bougies, permettent de varier l'avance à l'allumage avec une précision très remarquable.

En effet, pendant le temps que le distributeur reste en contact avec la même bougie, il se produit dix étincelles.

La carburation est produite par une petite pompe à essence commandée par le moteur; aspirante et foulante, cette pompe prend l'essence au réservoir et la refoule dans huit petits distributeurs, placés sur les huit cloches d'aspiration du moteur. La figure 25 montre sur la coupe du cylindre de droite comment est montée la cloche d'aspiration. Ces huit distributeurs n'ont pas d'autre but que de régler la quantité d'essence nécessaire à chaque cylindre, de l'emmagasiner pendant les temps du cycle autres que celui d'aspiration, de telle façon qu'elle est entraînée par l'air, pulvérisée et vaporisée pendant l'aspiration.

Le débit de la pompe à essence est variable à volonté par le changement de course du piston, tout en gardant l'automaticité due à sa commande par le moteur; on comprend facilement que, quelles que soient la composition de l'air et sa température, on peut, grâce à ces moyens, obtenir une bonne carburation et un fonctionnement assez économique. Ce système de carburation directe amène la suppression de toute tuyauterie lourde et encombrante. Quant à la combustion du mélange, elle se produit dans le haut du cylindre qui forme culasse. Sur le pourtour de la fausse culasse, est serti et matté un tube en laiton qui complète la chemise d'eau. L'ensemble, pour un cylindre de

130 × 130, c'est-à-dire la fausse culasse, le cylindre, l'enveloppe de laiton, les soupapes avec leurs clapets, pèse moins de 6 kilogrammes et travaille à moins de 1 kilog. 5 par millimètre carré.

Toutes les pièces subissant des efforts alternatifs, et tels que : arbre-manivelle, axes des pistons, bielles, clapets, brides, sont en acier travaillant à moins de 10 kilogs par millimètre. Les autres matériaux : bronze, aluminium, fonte, travaillent à 1 kilog. 500 et 2 kilogs.

Le type à huit cylindres 105 × 105, pèse nu, sans mécanisme de marche arrière, 70 kilogs ; avec ce mécanisme, sa tuyauterie d'eau et d'essence, sa pompe à essence, fil de bougies, bougies, bobine accumulateur, il pèse 85 kil. prêt à fonctionner. Sa puissance est de 50 chevaux et sa vitesse de 1.400 tours à la minute.

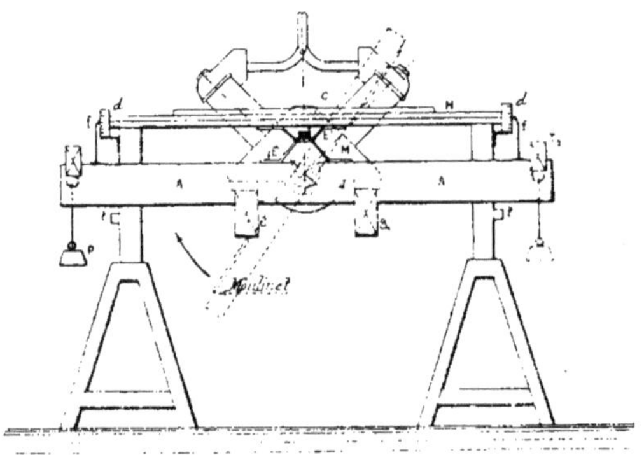

Fig. 26. — Appareil d'essai pour moteurs.

Ses dimensions d'encombrement sont : longueur 740 millimètres ; hauteur, 600 millimètres ; largeur, 600 millimètres.

Pour les canots, le moteur Antoinette à huit cylindres commande directement l'hélice, sans embrayage ni changement de marche ; ayant toujours deux cylindres au travail, il part dès que l'on met l'allumage.

Avant de terminer cette étude nous devons dire que tous les moteurs Antoinette subissent, aux ateliers de Puteaux, une mise au point et un régime d'essais méthodiques.

Leur rendement est d'abord mesuré à l'aide d'un moulinet analogue à celui imaginé par Renard, puis à l'aide d'une balance dynamométrique ayant pour but de mesurer le couple. Le fléau est formé par un bâti rectangulaire en bois A, reposant, au moyen de deux étriers et de deux couteaux, sur un autre bâti fixe, mais dont les deux traverses, telles que H, formées de lames de bois, font légèrement ressort (fig. 26).

Des aiguilles *f*, *f*, fixées sur la traverse indiquent en passant les divisions d'une plaquette *d*, si le fléau est horizontal.

Pour mesurer le couple il faut équilibrer : il suffit donc de placer des poids aux crochets d'une traverse démontable T, ou T_2 située aux extrémités des traverses A, lorsque le moulinet absorbe presque toute la force du moteur.

Ce dispositif de mesure de la puissance des moteurs donne une approximation sensiblement aussi grande que celle donnée par l'application de la dynamo tarée.

MOTEUR EXTRA-LÉGER R. E. P.

Dans les moteurs légers actuels, et même dans les simples moteurs d'automobiles, les pièces de fatigue travaillent à un taux extrême. Beaucoup de constructeurs n'hésitent pas à dépasser pour l'acier 18 kilogs par millimètre carré et atteignent même 20 kilogs. Il est juste de remarquer que la métallurgie nous fournit actuellement des aciers admirables, qui, tout en ayant jusqu'à 10 0/0 d'allongement, conservent des limites élastiques de 110 kilogs; mais il faut également considérer que, dès qu'un coussinet de tête de bielle prend du jeu, des chocs se produisent à chaque explosion entre cette tête de bielle et le vilebrequin et que ces chocs, si faibles soient-ils, multiplient considérablement la fatigue déjà énorme imposée au métal.

Le type de moteur combiné par M. Esnault présente des dispositions nouvelles qui le différencient nettement de toutes les machines analogues, et il est basé sur des principes d'une réelle originalité et qui démontrent une grande ingéniosité de la part de son constructeur. Ce n'est pas par une recherche minutieuse de matériaux d'une extraordinaire légèreté, ni par un souci exagéré de ramener les pièces constitutives à leur plus simple expression, qu'il est arrivé ainsi à combiner des moteurs à refroidissement par ailettes, ne pesant que 1.600 grammes par cheval-vapeur et dans lesquels les métaux ne travaillent, au grand maximum, que sous un effort de 15 kilogs par millimètre carré ; c'est par une répartition bien comprise des efforts sur l'arbre de couche que ces résultats ont été atteints, sans nuire aucunement à la solidité ni à la sécurité du fonctionnement.

Il est indispensable, pour avoir la régularité et la continuité nécessaires dans l'effort exercé à chaque instant sur l'arbre, que le nombre des cylindres soit *impair* et que les explosions se suivent dans leur intérieur suivant un ordre qui exclut chaque fois un cylindre, les intervalles entre chaque allumage sont alors égaux. M. Esnault-Pelterie donne donc 7 cylindres à ses moteurs ; à la vitesse normale de 1.500 tours par minute, ceux-ci développent une puissance de 35 chevaux, et leur poids n'est que de 52 kilogrammes.

En raison de l'impossibilité pratique d'assurer le graissage des cylindres inférieurs, ces sept cylindres ne sont pas disposés *en étoile*, ou comme les rayons d'une roue, mais placés sur deux rangées, les trois cylindres du bas étant redressés et intercalés entre les quatre du

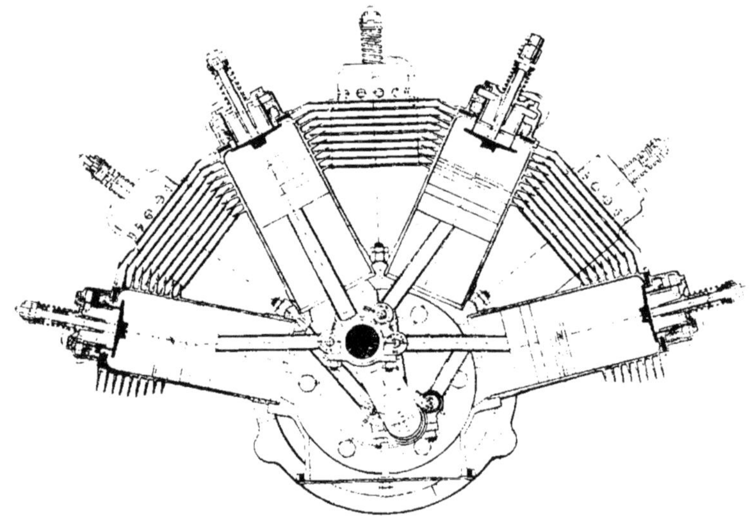

Fig. 27. — Moteur R. E. P. (Coupe des quatre cylindres avant.)

haut. La distribution, pour assurer la succession des quatre phases du cycle dans chacun de ces cylindres et qui exigerait deux soupapes et deux cames pour chaque cylindre, est opérée d'une façon beaucoup plus simple par une came unique pourvue de deux bossages successifs : le premier, peu saillant, met la soupape, qui sert à la fois pour l'admission et l'échappement, en raison de sa disposition particulière, dans la position d'évacuation des gaz brûlés. Le second bossage, plus accentué, oblige le galet guidant la tige poussoir à se lever davantage, et à ouvrir les orifices d'admission.

Une came devrait présenter par conséquent trois séries de bossages pour correspondre au service des sept cylindres, mais ceux-ci étant agencés en éventail sur deux rangs, cette came est en quelque sorte double, et formée de deux disques accolés, montés sur un même plateau et agissant comme une pièce unique sous la commande d'un petit pignon auxiliaire.

Les soupapes assurent à la fois l'admission du mélange et l'expulsion des gaz brûlés aux temps voulus, en raison de la disposition spéciale qui leur est donnée. A cet effet, ces soupapes sont pourvues d'une sorte de tiroir cylindrique sur leur face externe, tiroir percé d'une série de trous et d'une collerette. Si l'on suppose que la came de commande fasse lever la soupape de 4 millimètres, les trous demeurent masqués par un guide fixe et l'échappement se produit par l'espace

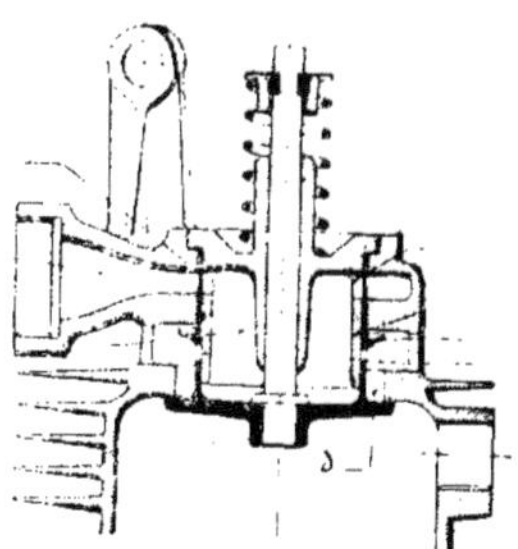

Fig. 28. — Soupape du moteur.

annulaire. Si, ensuite, cette soupape se soulève encore de 4 millimètres, les trous seront alors démasqués pendant que la collerette viendra obturer l'orifice annulaire d'échappement. A ce moment l'intérieur du cylindre se trouve mis en communication avec le carburateur par l'intermédiaire d'une pipe de raccord. L'admission des gaz une fois terminée, le clapet retombant directement sur son siège referme la soupape. L'agencement est tel que la surface de guidage, entre le tiroir de la soupape et le boisseau fixe est soustraite à l'action des gaz d'échappement qui provoqueraient des encrassements et des grippages. De plus, le courant des gaz de l'admission amène un refroidissement énergique, aussi, grâce à ce fait ainsi qu'à la présence du tiroir qui la consolide, cette soupape ne subit aucun échauffement exagéré ni aucun gondolement et elle porte toujours sur toute la surface de son siège, sa température n'excédant jamais une limite raisonnable. En ce qui concerne la commande du mouvement des clapets, les tiges de commande des culbuteurs du groupe de trois cylindres se trouvent dans le prolongement des poussoirs qui les actionnent, mais, par contre, celles du groupe de quatre sont inclinées, ceci pour ne pas employer de trop grands culbuteurs. Pour éviter tout coincement dans le fonctionnement de ces derniers poussoirs, on a pris la précaution de décaler leurs axes vers les cylindres, de telle sorte que le prolongement de la tige de commande vienne toujours passer par la surface extérieure frottante du poussoir. De cette manière, ce dernier ne se trouve jamais soumis à des efforts transversaux, qui le feraient coincer.

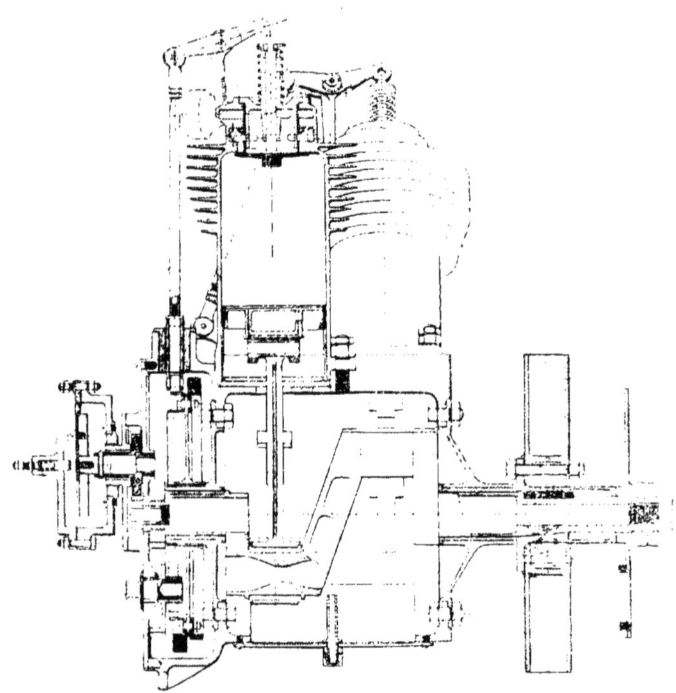

Fig. 29. — Coupe transversale du moteur R. E. P.

et ne fatigue pas son guide ; la surface de ce dernier est, du reste, largement suffisante à supporter la composante de pression qu'elle subit du fait de l'inclinaison de la tige.

Le vilebrequin comporte deux manetons décalés entre eux de 180°. La disposition des cylindres en éventail ayant permis d'engager ceux-ci les uns dans les autres dans le sens de la longueur, il en est résulté un raccourcissement notable de la longueur de ce vilebrequin, raccour-

cissement qui diminue naturellement l'importance des couples subis
par chaque section.

Les portées extrêmes sont percées de trous ne laissant que 2 mm. 5
de métal, le maneton du groupe de trois cylindres est percé d'un trou
en forme d'égale résistance. Le maneton du groupe de quatre cylindres
n'est pas percé et conserve un excès de matière, cet alourdissement
étant nécessaire pour permettre des conditions pratiques d'équilibrage.
En effet, sans cette précaution, la masse unique d'équilibrage tombe-

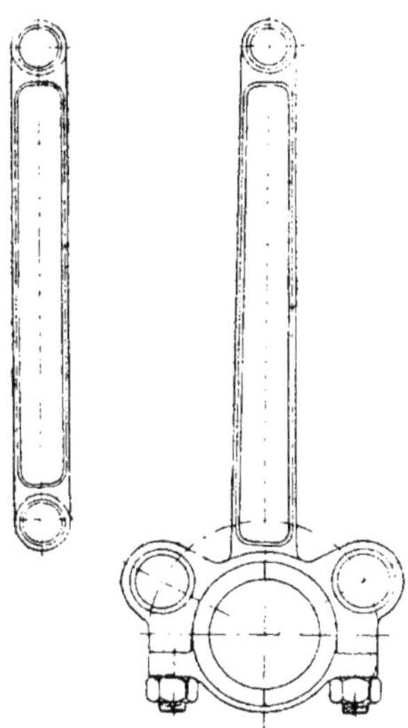

Fig. 30 et 31. — Bielle.

rait si loin en dehors du moteur qu'il serait pratiquement impossible de
la fixer convenablement sur le vilebrequin. Le bras transversal qui
relie les deux manetons est naturellement évidé en double T.

Le vilebrequin ainsi allégé pèse 2 kilog. 500 pour 35 HP et nulle part
il ne fatigue à plus de 15 kilog. par millimètre carré en marche ; il est
en acier chrome-nickel et est travaillé tout trempé et revenu bleu.

Les paliers fixes sont très largement calculés comme surface. Le
palier côté came ne fatigue pas à plus de 57 kilog. par centimètre carré
au moment de l'explosion et celui qui est destiné à recevoir une hélice
à 42 kg. 500. Il ne faut pas perdre de vue que, dans une hélice aérienne
de 2 mètres tournant à 1.500 tours à la minute, un balourd de

10 grammes à l'extrémité d'un pale développe une force centrifuge de 24 kilog. 600 ; des causes accidentelles peuvent très facilement donner naissance à des efforts bien autrement considérables.

Les paliers eux-mêmes sont constitués par des plateaux en acier qui ont un double but : tout d'abord ils ont un diamètre tel qu'après le démontage de l'un d'eux le vilebrequin peut se sortir du carter en passant par l'ouverture. De plus, l'épaulement qu'ils portent sur leur pourtour et par où ils s'appuient sur le carter en aluminium présente à ce dernier une surface de contact considérable et telle qu'il ne puisse

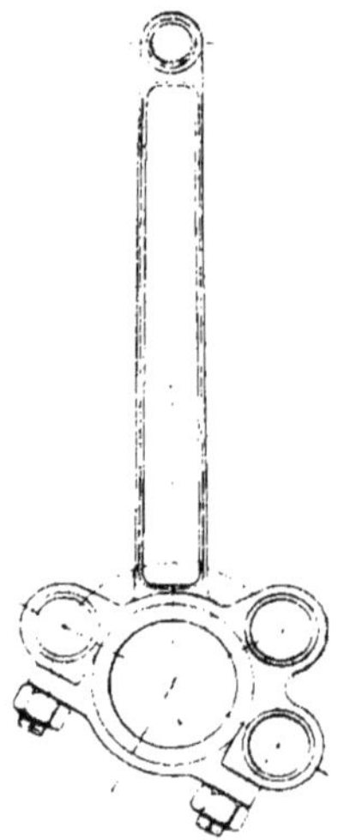

Fig. 32. — Biellette articulée.

se mater sous l'effort. Les surfaces de contact ne travaillent qu'à 1.800 kilog. par millimètre carré, même en tenant compte de ce qu'elles sont des cylindres et non des plans ; il est bien évident qu'à un pareil taux le métal ne saurait se détériorer.

Les bielles offrent des particularités intéressantes en raison de ce fait que l'une des têtes doit recevoir trois bielles et l'autre quatre.

Il faut que l'une des bielles soit solidaire de la tête dans chaque groupe et que cette tête soit disposée pour recevoir le nombre convenable de biellettes articulées.

Les figures 30 à 32 représentent, mieux que toute description ne saurait le faire, ces types de bielles ; en somme, chacune d'elles porte des articulations analogues aux pieds de bielles dont nous allons maintenant dire un mot.

Pour réduire le poids des extrémités des biellettes, on a visé naturellement à réduire leur volume sans réduire leur surface active ; dans ce but, elles sont percées d'un trou dans lequel passe une axe trempée ; l'extérieur du pied est également tourné de telle sorte qu'il peut travailler dans la pièce qui le reçoit à la façon d'une rotule.

Le tout est soigneusement rodé, de manière que toutes les surfaces travaillent. Il faut néanmoins remarquer que jamais, au point de vue strict, deux surfaces ne peuvent sur la même pièce porter également et simultanément ; mais celle qui va fatiguer le plus va s'user plus rapidement que l'autre et, par suite, son travail diminuera ; finalement donc, l'usure égalise automatiquement le travail des deux surfaces.

Cette disposition offre également un autre avantage : au moment de l'explosion, la rotule travaille à la compression ; le pied de bielle prend donc appui à la fois sur ses faces extérieure et intérieure. On arrive ainsi à obtenir une grande surface de contact qui assure le maintien de l'huile entre les pièces.

En effet, dans ces conditions, la pression par centimètre carré ne dépasse pas 180 kilogrammes pendant l'explosion, ce qui, pour des pieds de bielles, est un taux de fatigue extrêmement modéré.

Les bielles ne travaillent à la traction qu'un court instant, à la fin de l'échappement et au commencement de l'admission ; c'est à ce moment seulement que le pied de bielle ne trouve comme appui que la surface réduite de son axe, mais les efforts dus à l'inertie sont très faibles en comparaison de ceux de l'explosion, et la surface intéressée à ce moment est encore largement suffisante à les supporter.

Le corps des bielles et biellettes est naturellement en double T ; leur section est telle que leur fatigue ne dépasse pas 12 kilogrammes par millimètre carré.

Les cylindres, refroidis par ailettes, sont complètement symétriques autour de leur axe ; ils sont fixés sur le carter par trois boulons munis d'écrous et contre-écrous, ces derniers étant filetés à un pas plus serré que l'écrou, dispositif rendant toute espèce de déblocage impossible.

Le carter, en aluminium, porte des embrèvements destinés à recevoir les embases des cylindres ; il est d'une seule pièce et porte en dessous un large regard qui permet l'accès facile de l'intérieur et des pièces qui s'y trouvent. Les pistons, en acier taillé dans la masse, reçoivent le pied de bielle par une pièce spéciale vissée sur leur fond et qui est arrêtée par une vis. Cet agencement a pour but de faciliter l'usinage du piston et d'éviter les ennuis que donne l'emploi de l'acier coulé, dont on ne peut jamais être sûr.

Pour produire l'allumage d'un tel moteur, un seul procédé simple est admissible, c'est celui de la distribution à haute tension.

Il va de soi que celle-ci pourrait être effectuée exactement de la même manière que la commande de la distribution, par une came isolante fixée sur la came de distribution et portant trois plots adducteurs de courant. Quelque élégante qu'eût été cette solution, les exigences de la pratique ont conduit à séparer complètement la distribution de l'allumage et à la mettre en dehors du moteur pour éviter, notamment, l'envahissement de l'allumeur par l'huile de graissage.

Le distributeur est simplement constitué par un disque en ébonite, tournant deux fois moins vite que le moteur ; ce disque porte une touche métallique qui vient passer en regard de plots dont chacun correspond à un cylindre, et distribue le courant à ces derniers. Grâce à ce procédé, il est évidemment facile de répartir le courant que fournit une bobine dont le trembleur marche continuellement. Une bobine dans de telles conditions ne consomme du reste sensiblement pas davantage que lorsqu'on prend soin d'interrompre le primaire : il faut remarquer, en effet, que lorsque ce moteur atteint 1.500 tours, il lui faut produire 88 allumages par seconde.

Il serait également possible de produire l'allumage par magnéto à haute tension, le courant étant toujours réparti entre les cylindres par le même dispositif. Il faudrait alors que la magnéto tourne à une vitesse 7/4 de celle du moteur ; en effet, si cette magnéto est capable de fournir deux étincelles par tour, elle tourne d'un angle π entre deux allumages ; le moteur dans le même temps tourne de $2 \times \dfrac{2\pi}{7}$, le rapport des angles décrits dans le même temps est donc $4/7$ et la magnéto doit bien tourner aux 7/4 de la vitesse du moteur.

Le refroidissement des parois des cylindres, dans le moteur Esnault-Pelterie, est assuré par une série d'ailettes parallèles et rapprochées, entourant le haut de ces cylindres. De prime abord, ce procédé semble devoir accroître le poids spécifique de la machine, mais il fournit, en revanche, l'avantage de supprimer les chemises d'eau, sujettes aux fuites, le radiateur, la pompe et surtout l'eau. Si l'on compare les deux procédés l'un à l'autre, il faut reconnaître que le refroidissement par l'air est plus simple que celui par eau et tout aussi efficace, à la condition que le moteur soit placé sur un véhicule marchant assez vite pour que les cylindres soient fouettés par un courant d'air d'une vitesse d'au moins 45 kilomètres à l'heure. Autrement, il faut lui adjoindre un ventilateur actionné par une transmission spéciale, mais ce n'est pas le cas pour son application à l'aviation, les aéroplanes se déplaçant à une vitesse ordinairement très supérieure à 45 kilomètres à l'heure.

AÉROMOTEURS A. FARCOT

Les *aéromoteurs* système Farcot, sont, comme les précédents, à refroidissement par l'air, et ils présentent, au nombre de leurs particularités les plus intéressantes, un dispositif de soupape constitué par un clapet unique venant se fermer sur la partie supérieure de la culasse, et qui, par suite de sa position d'ouverture plus ou moins grande, détermine soit l'admission soit l'échappement. Un ressort convenablement disposé presse sur ce clapet et tend à le maintenir constamment fermé. Au moment de l'échappement, cette soupape se trouve appuyée sur le renflement le moins élevé d'une came à deux bossages inégaux

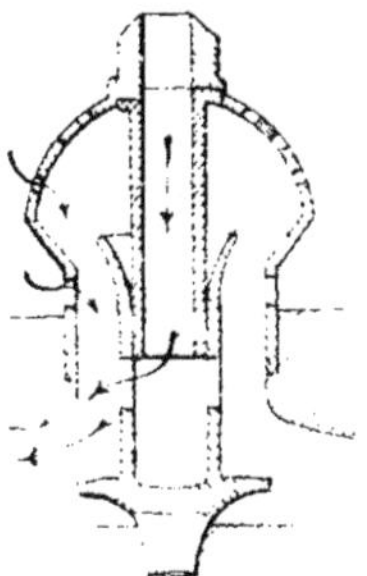

Fig. 33. — Soupape.

et débouche les orifices de grande section pour l'évacuation ; avant de s'échapper dans l'air, les gaz sont forcés de traverser une enveloppe perforée qui forme silencieux et en même temps récupérateur de chaleur dans une certaine mesure. Afin d'éviter toute projection de flamme dans ce silencieux, une toile métallique assure l'extinction complète des gaz brûlés. Par suite du mouvement circulaire de la came, la tige poussoir de la soupape arrive sur le bossage le plus élevé de celle-ci et s'ouvre plus complètement. La collerette qui se trouve au-dessous du clapet s'abaisse comme lui et vient obturer l'espace libre du côté du silencieux : il se produit alors un vide relatif dans le conduit d'aspiration provoquant un appel d'air sursaturé d'essence d'un carburateur spécial.

En outre des avantages obtenus par cette disposition, le constructeur a pu réaliser l'arrivée d'air carburé sous pression, écartant ainsi l'influence de l'altitude et du degré hygrométrique.

Par suite de la disposition des 8 cylindres, 4 agissent sur un maneton et 4 autres sur un autre maneton calé à 180°, de façon à permettre un

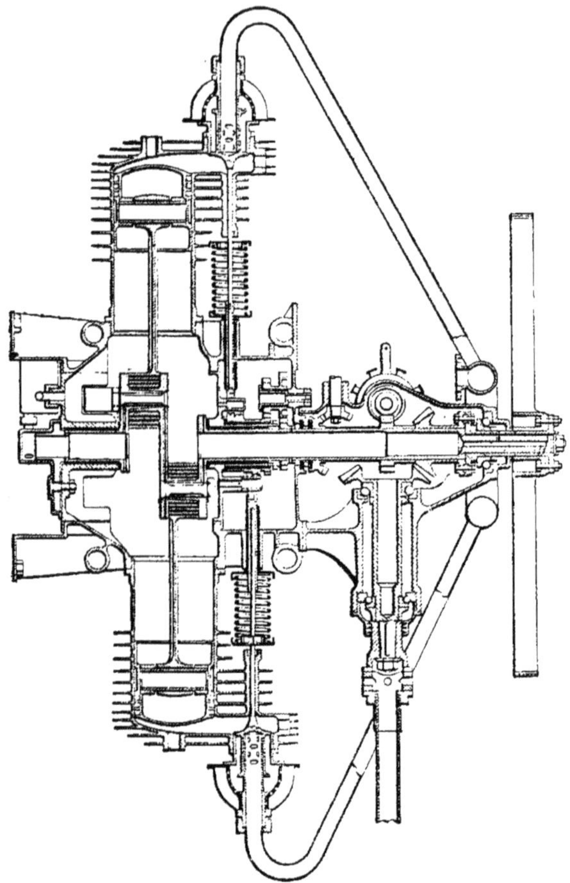

Fig. 34. — Coupe en élévation des aéromoteurs Farcot.

équilibrage parfait de toutes les réactions produites par les masses en mouvement. Le vilebrequin est en une seule pièce et sur l'un des coudes est fixée une palette de graissage qui projette l'huile emmagasinée à la partie inférieure du carter sur la partie supérieure des cylindres, produisant ainsi un lavage de toutes les parties frottantes.

Le graissage des bielles et paliers a lieu sous pression au moyen d'une pompe.

L'huile retombant au fond du carter passe dans un décanteur et refroidisseur avant d'être à nouveau utilisée, ce qui permet à ces moteurs

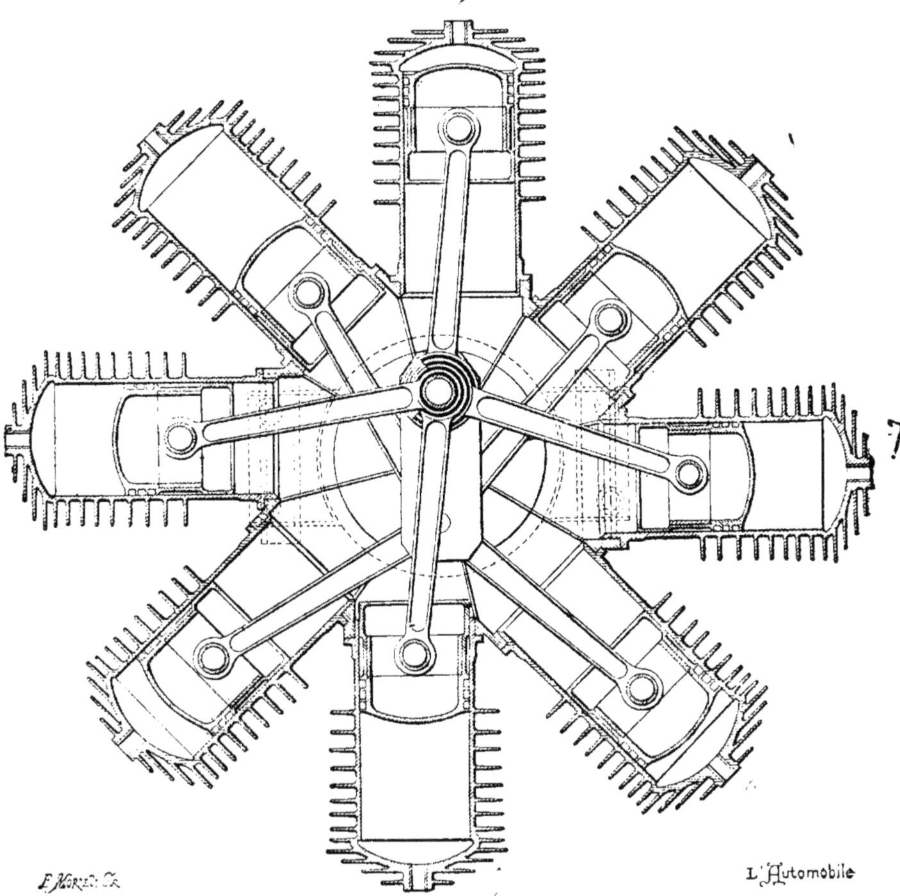

Fig. 35. — Vue en plan des aéromoteurs Farcot.

de fonctionner pendant plusieurs heures consécutives sans crainte d'usure ni d'échauffement.

Allumage. — M. Farcot a adopté le double allumage, comprenant une magnéto à courant continu et des accumulateurs ; ces derniers

sont de faible capacité et ont pour but simplement de produire le départ du moteur au contact.

Le courant continu obtenu par cette nouvelle magnéto permet de
fournir une étincelle d'une très grande intensité, à un point stricte-
ment déterminé, par suite de l'emploi d'un distributeur de courant
convenablement choisi. L'ensemble de ce double allumage ne pèse pas
plus de 7 kilos.

On peut se rendre compte par l'examen de ces dispositifs combien
ils contribuent à la légèreté des moteurs, tout en leur procurant les
avantages d'une distribution par soupapes commandées, celle à soupapes automatiques laissant souvent à désirer pour un bon fonctionnement.

Ajoutons, en terminant, que M. Ambroise Farcot, en réalisant, par
des moyens tout différents d'exécution, l'application des principes déjà
exposés au sujet du système précédent, est parvenu à exécuter un
aéromoteur de 100 HP dont le poids total, en ordre de marche, ne dépasse pas 250 kilos. Les essais de ce modèle ont été poursuivis pendant plusieurs heures consécutives à l'aide d'une hélice ; à la vitesse
de 1.000 tours, la puissance développée a été de 100 HP et de 112 HP
à 1.200 tours, vitesse qui a pu être descendue jusqu'à 180 tours sans
que l'arrêt se produisît.

MOTEURS SYSTÈMES DIVERS

Parmi les différents moteurs légers ou allégés, actuellement en construction ou en période d'essai, et que les constructeurs d'automobiles
offrent aux aviateurs, on peut citer les suivants :

Gobron achève un 8 cylindres faisant 55 chevaux à 1.000 tours, et
pesant 120 kilogrammes complet, avec sa circulation d'eau et sa magnéto, soit 2 kilog. 100 par cheval. Vinot et Deguingand offrent un moteur 4 cylindres de 101 d'alésage et 135 de course, faisant 40 chevaux à
1.650 tours, et pesant 200 kilogrammes, soit 5 kilogrammes par cheval. Ballot présente un 21 30 pesant 150 kilogrammes en ordre de
marche, soit 4 kilogrammes par cheval. La Société *Unic* possède une
série de moteurs, l'un de 22 chevaux à 1.500 tours pesant 160 kilogrammes, un autre de 24 30, à 1.300 tours, pesant 195 kilogrammes,
et un de 25/35, faisant 27 chevaux à 1.500 tours sous le poids de
230 kilogrammes, soit 6 à 7 kilogrammes par cheval. La Société l'*Aster*
construit un 12 16 pesant 160 kilogrammes, un 24 30 du poids de

240 kilogrammes et un 30/35 pesant 270 kilogrammes, soit 7 à 8 kilogrammes par cheval, et Anzani a construit plusieurs types de moteurs de 50 chevaux du poids de 110 kilogrammes, soit un peu plus de 2 kilogrammes par cheval-vapeur, notamment pour le triplan Goupy.

En Belgique, le constructeur Miesse a fait connaître un type de moteur léger qui présente des particularités assez intéressantes, et peut

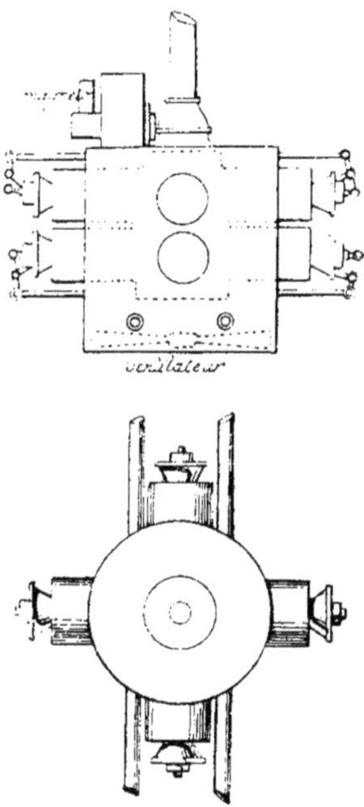

Fig. 36. — Moteur Miesse.
Fig. 37. — Plan.

développer 120 chevaux à 1.500 sous le poids extrêmement réduit de 92 kilogrammes, pendant un temps indéterminé, alors que dans plusieurs types analogues, le mouvement se ralentit et s'arrête dès que les 20 ou 30 litres d'eau contenus dans le radiateur ont été vaporisés par la chaleur des explosions répétées (fig. 36-37).

Le moteur Miesse possède 12 cylindres de 120 millimètres de course et 110 millimètres d'alésage, disposés par rangées de deux en étoile autour d'un arbre coudé à deux manetons, dont chacun reçoit l'effort de six bielles à l'aide d'une connexion spéciale qui permet d'obtenir une très large portée utile, perfectionnement non sans importance sur les systèmes qui ne parviennent à faire agir plusieurs bielles sur un même coude qu'en recourant à des articulations nombreuses, ou en diminuant outre mesure les surfaces de frottement.

Les cylindres sont entourés d'une grande quantité d'ailettes de refroidissement, disposées longitudinalement, et recouvertes d'une enveloppe qui forme autour d'elles une sorte de cheminée annulaire à travers laquelle l'air est aspiré par un puissant ventilateur placé directement sur l'axe du moteur. Ce dispositif constitue l'un des points les plus caractéristiques du système et constitue à lui seul une grande amélioration sur tous les procédés de réfrigération des parois qui ont jusqu'à présent été proposés. Resterait toutefois à connaître quelle quantité de travail réclame le ventilateur pour son mouvement.

Quant à la distribution, elle est d'une remarquable simplicité ; les deux soupapes sont mues par un seul culbuteur et s'ouvrent dans une chambre d'explosion hémisphérique, ce qui est la forme qui assure le maximum d'efficacité à l'explosion des gaz. Les deux soupapes sont emboîtées l'une dans l'autre, sans tiroir ni partie frottante exposée à la chaleur, prévenant ainsi toute crainte de grippage ou d'encrassement. L'allumage peut s'opérer indifféremment soit par magnéto, soit par accumulateurs et bobine ; le fonctionnement est très régulier.

Tels sont les principaux systèmes de machines motrices, basées sur le principe du moteur à gaz à grande vitesse de rotation, qui se trouvent actuellement dans le commerce et peuvent être appliqués avec avantage aux appareils d'aviation, à quelque type qu'ils appartiennent : aéroplanes, hélicoptères ou orthoptères.

CHAPITRE VII

LES HÉLICES AÉRIENNES

Qu'est-ce qu'une hélice?...

Une hélice n'est autre chose, en réalité, qu'un énorme pas de vis qui, en effectuant son mouvement de rotation, pénètre dans le milieu où il se meut comme une vis dans son écrou. La longueur dont cette vis a avancé pendant le temps qu'elle a mis à effectuer un tour complet, est ce qu'on appelle son *pas*. On peut encore comparer l'hélice à une espèce de plan incliné se déplaçant circulairement tout en avançant d'une certaine quantité, car la résistance qu'elle éprouve est proportionnelle, dans les deux cas, au sinus de l'angle que forme le plan ou la branche d'hélice par rapport à la trajectoire décrite. C'est là la composante nuisible de la résistance totale, tandis que l'autre composante, perpendiculaire à la première, et par conséquent proportionnelle au cosinus de l'angle d'attaque est, dans les deux cas, celle que l'on cherche à utiliser; l'analogie entre les deux appareils est donc exacte.

La condition essentielle que toute hélice bien comprise doit présenter est celle d'un pas régulier, depuis son centre jusqu'à sa circonférence, autrement, les points dont le pas serait plus allongé ayant une tendance à progresser plus vite que les autres, créeraient par ce fait une résistance nuisible, et par suite une perte de travail. D'autre part, la matière constituant une hélice doit présenter une surface parfaitement lisse, pour diminuer autant que possible l'importance du frottement de l'air, frottement d'autant plus grand que la matière est plus rugueuse. Il faut, pour la même raison, éviter toute saillie inutile, toute irrégularité de forme, de manière à ce que l'hélice se rapproche autant qu'il est possible de le faire dans la pratique, de la courbe parfaite indiquée par la géométrie. En suivant ces prescriptions, cet organe sera doué du meilleur rendement inhérent à son principe même, et que l'on pourra appeler *rendement de construction*.

Pendant son mouvement de rotation, une hélice déplace l'air; elle l'aspire par sa face avant et le refoule par sa face arrière. Suivant l'emplacement occupé, par rapport à elle, par le mobile qu'elle doit entraîner, elle agit soit par poussée soit par traction. Lorsqu'elle est convenablement établie, il est facile de constater que l'effet d'aspiration se produit non seulement en avant et sur les côtés des ailes ou palettes, mais encore sur toute leur périphérie et même sur le côté du plan de rotation. Le refoulement s'opère en arrière et la colonne d'air chassée présente la forme d'un cylindre allant en s'évasant progressivement à mesure qu'on s'éloigne de l'hélice.

On a souvent accusé l'hélice aérienne d'être un transformateur déplorable et de ne rendre, sous forme d'effort de traction, qu'une partie infime du travail dépensé à la mouvoir. C'est là, la plupart du temps une erreur d'appréciation ou la preuve d'une construction ou d'une appropriation défectueuse de cet organe.

L'essai « au point fixe » d'une hélice aérienne quelconque ne peut donner qu'une indication approximative du rendement, l'hélice restant immobile au lieu d'avancer en même temps qu'elle tourne autour de son axe, et l'essai étant entaché, de ce fait, d'une cause d'erreur assez sensible. D'autre part on ne peut comparer un travail moteur s'exprimant en kilogrammètres avec un effort simplement statique et dont l'importance est évaluée en kilogrammes. Il faut, pour être exact, multiplier cet effort par le chemin parcouru par son point d'application, c'est-à-dire par la longueur de la trajectoire parcourue pendant l'unité de temps, et interpréter comme suit les résultats fournis par un essai au point fixe.

Supposons une hélice propulsive d'un diamètre quelconque, dont les ailes sont disposées de telle sorte qu'elle avance à chaque tour complet de 3 mètres par exemple, dans le milieu où elle se déplace, ce qui correspond exactement au *pas* de cette hélice, et que la quantité de travail dépensée à la mouvoir soit de 375 kilogrammètres par seconde, ou 5 chevaux-vapeur, la vitesse de rotation étant de 3 tours et demi pendant cette même durée. Si, au cours de l'expérience, l'effort de traction dans le sens de l'arbre a été mesuré de 20 kilogs, le travail réel produit par cette hélice aura été de :

20 kil. $\times$ 3 m. $\times$ 3,5 tours ou 10 m. 50 = 210 kilogrammètres.

Au lieu de n'envisager que la poussée produite en un point fixe par l'appareil et évaluer le rendement à 20 : 375 = 18 pour 100, il faut considérer que, si en réalité l'hélice n'a pas avancé de 10 m. 50 pendant que le moteur dépensait 375 kilogrammètres, l'effort n'en a pas moins duré pendant ce temps, et le travail récolté est de 210 kilogrammètres, c'est-à-dire des $\frac{5}{9}$ de cette puissance. La traction au point fixe est mesurée au dynamomètre ; quant à l'autre facteur représentant le travail, il a été dissipé par le refoulement de la colonne d'air en arrière du plan de rotation de l'hélice, et c'est pourquoi il n'est pas sensible, et que, par une fausse interprétation, les expérimentateurs considèrent à tort l'hélice comme un mauvais transformateur de travail.

Si, par un procédé quelconque, sans changer la quantité de travail fournie par le moteur, en modifiant la forme ou le pas de l'hélice ci-dessus, l'effort de traction se trouvait accru et porté par exemple de 20 à 25 kilos au point fixe, il ne faudrait pas cependant se hâter d'en déduire que le rendement est augmenté. Il se pourrait très bien, en effet que l'autre facteur du travail, celui représentant le chemin parcouru, se soit trouvé également modifié, mais en sens inverse, et qu'il ne fût plus que de 7 m. 50 au lieu de 10 m. 50 par seconde, par suite de la résistance plus grande opposée à la rotation, et telle que le nombre de tours ne soit plus que de 2 et demi au lieu de 3 et demi, dans l'unité de temps. Dans ce cas, le rendement sera :

$$25 \text{ kilos} \times 3 \text{ m.} \times 2,5 = 187 \text{ kilogrammètres } 5.$$

Dans le premier cas, le rendement de l'hélice était de 61 pour 100 ; il n'est plus, dans le second que de 50 pour 100, soit une perte de 11 pour 100, bien que la traction ait augmenté.

Le rendement des hélices aériennes peut s'élever jusqu'à 65 et même 70 pour 100 lorsqu'elles sont d'une construction très soignée, mais on ne saurait dépasser beaucoup ces chiffres, de nombreuses causes venant s'opposer à ce que l'on puisse recueillir la totalité de l'effort dépensé, en raison des pertes de travail qui se produisent et que l'on ne peut éviter. Ces causes sont la résistance éprouvée par les ailes dans leur mouvement à travers l'air, résistance indépendante de celle due à leur inclinaison sur la trajectoire qu'elles décrivent et résultant de leur épaisseur, de la nature des matériaux les composant, etc. Ces ailes sont soumises aux lois du déplacement des mobiles dans les fluides, et subissent une résistance à leur mouvement proportionnelle au carré de leur vitesse de rotation. Elles absorbent, pour ce mouvement, une quantité de travail proportionnelle au cube de cette même vitesse. Pour toutes ces raisons, il faut donc que les hélices destinées à agir dans l'air, présentent une forme aussi régulière que possible, avec une épaisseur très faible et des bords tranchants, aussi bien à l'entrée du pas qu'à sa sortie.

L'équation de l'hélice est ordinairement établie comme suit :

Si l'on prend comme axe des x le rayon du cylindre qui passe par le point à partir duquel on veut tracer la courbe, pour axe des y le rayon perpendiculaire, enfin pour axe des z l'axe du cylindre, en désignant par R le rayon du cylindre, par n le pas de l'hélice, par ω l'angle au centre correspondant à l'arc de la base suivant lequel se projette la portion de la courbe qui s'étend du point de départ au point x, y, z, on aura

$$x = \text{R cos } \omega, \ y = \text{R sin } \omega, \ z = \frac{n}{2\,\pi\,\text{R}}\,\text{R } \omega = \frac{\omega}{2\,\pi}\,n.$$

En éliminant ω entre ces équations, on aura celle de l'hélice :

$$x = \text{R cos} \left(\frac{2\,\pi\,z}{n}\right), \ y = \text{R sin} \left(\frac{2\,\pi\,z}{n}\right).$$

En prenant les cosinus des angles que la tengente à la courbe fait avec les axes, on reconnaît que la tengente a une inclinaison constante sur l'axe. Le rayon de courbure est

$$\text{C} = \text{R} \left[1 + \left(\frac{h}{2\,\pi\,\text{R}}\right)^2\right].$$

Il est constant, ainsi que l'on pouvait d'ailleurs s'y attendre, que l'hélice est partout égale à elle-même, propriété qui ne se rencontre que dans cette courbe, le cercle et la droite. Si l'on cherche l'équation du plan osculateur à la courbe au point x, y, z, on trouve :

$$(\text{X} - \text{x}) \sin \omega - (\text{Y} - \text{y}) \cos \omega + \frac{2\,\pi\,\text{R}}{n} (\text{Z} - \text{z}) = 0.$$

Si l'on coupe ce plan osculateur par le plan Z — z, la section se projette sur le plan des $x\,y$ suivant la droite :

$$(\text{X} - \text{x}) \sin \omega - (\text{Y} - \text{y}) \cos \omega = 0$$

qui passe par l'origine. L'horizontale du plan osculateur est donc le rayon du cylindre qui passe par le point de la courbe ; cette horizontale est normale à la courbe, c'est donc la normale principale. Il en résulte que le lieu des centres de courbure de l'hélice est une autre hélice de même pas, tracée en sens inverse sur le cylindre de rayon.

$$ R\left(1 + \frac{n}{2\,\pi\,R}\right). $$

La seconde courbure, ou torsion de la courbe en posant :

$$ K = \frac{n}{2\,\pi\,R} \ \text{est} \ \frac{1}{R}\frac{K}{1+K^2}. $$

De nombreuses recherches ont été faites pour déterminer théoriquement les valeurs les plus convenables à donner aux hélices aériennes. MM. Drzewiecki et Bréguet, entre autres, ont fourni des chiffres très intéressants.

Les conclusions, tirées des expériences ont un intérêt pratique, car, en appliquant aux hélices des aéroplanes qui ont volé, la méthode de calcul indiquée, on trouve que ces hélices étaient loin de remplir la condition du maximum de rendement, et, qu'en fait, les rendements réalisés étaient loin d'approcher les chiffres théoriques.

Il est donc permis d'espérer que les appareils de l'avenir, sans compter l'amélioration certaine des qualités sustentatrices, voleront plus économiquement que les appareils actuellement expérimentés avec succès.

Nous en arrivons maintenant à une autre cause de diminution du rendement des hélices, à laquelle on donne le nom de *recul*, et qui réside dans la différence existant entre le pas théorique de l'hélice et le chemin qu'elle parcourt réellement pendant qu'elle effectue une révolution complète autour de son axe. Cette perte a été reconnue depuis longtemps pour les hélices marines, et on l'évalue, dans ce cas, à 1 dixième environ, c'est-à-dire qu'une hélice ayant un pas de 1 mètre, par exemple, ne parcourra en réalité que 90 centimètres par tour. Pour les hélices aériennes, ce recul peut être plus ou moins grand, quelle que parfaite que soit leur construction, et il dépend de l'application qui en est faite, car une hélice donnée peut plus ou moins bien convenir à l'appareil qu'elle doit mouvoir.

Pour me faire mieux comprendre, je dirai qu'une hélice donnant un excellent résultat en actionnant un canot serait tout à fait impropre à mouvoir un paquebot de 150 mètres de long. Il y a donc là une question d'appropriation du propulseur au véhicule, et le diamètre, comme le pas d'une hélice, doivent être déterminés d'après les dimensions et le poids de l'appareil à déplacer. Une hélice trop petite devrait tourner excessivement vite pour donner l'effort de traction et la vitesse dont on a besoin, mais alors, l'air qui est, il ne faut pas l'oublier, un fluide extrêmement mobile, fuit sous les palettes qui le brassent, et il se produit un vide partiel analogue au phénomène de la *cavitation* observé avec les hélices marines tournant à grande vitesse, sous la commande des turbines à vapeur avec lesquelles elles sont directement accouplées, et qui tournent à un régime très élevé. Le point d'appui se dérobe d'autant plus que la rotation est plus rapide, l'hélice agit alors comme le moulinet d'un ventilateur, et l'air, refoulé en pure perte à la périphérie, donne naissance à un recul d'autant plus considérable que la colonne d'air déplacée a une base plus étroite. Au contraire, si cette colonne présente une large surface, elle offrira au propulseur un point d'appui beaucoup plus résistant, et il en résultera une moindre perte de travail.

En résumé, un principe se dégage de ces considérations : c'est qu'une hélice aérienne doit présenter un diamètre relativement grand et tourner à une allure modérée pour agir plus facilement sur l'air. C'est évidemment grâce à l'observation de ces conditions que les frères Wright doivent en grande partie la supériorité des résultats qu'ils ont atteints. Il suffit de comparer les hélices qu'ils emploient avec les espèces de pelles de terrassier, emmanchées obliquement dans un moyeu, et dont les aviateurs français font usage. Le plus élémentaire bon sens fait pressentir immédiatement lequel de ces modèles est meilleur que l'autre.

L'expérience seule permet de déterminer si une hélice, donnant d'excellents résultats au point fixe et démontrant que sa construction est réussie, convient bien à l'appareil auquel elle est destinée. Ces essais étant fort coûteux, si l'on est obligé de fabriquer tout une série d'hélices jusqu'à ce qu'on en obtienne une donnant pleine satisfaction, on peut procéder par tâtonnements, en employant une matière plastique pour la composition des pales, que l'on courbe ou oblique plus ou moins, en mesurant, après chaque modification, le rendement (traction au point fixe et vitesse de rotation, le pas étant déterminé et la quantité de travail absorbé étant constante). Le rendement maximum étant obtenu, aussi bien au banc d'essai qu'à bord de l'appareil de navigation aérienne, on peut reproduire, en copiant exactement le contour du modèle, l'hélice dont on fait une reproduction définitive.

Comme indications générales et si l'on se rapporte aux résultats fournis par les propulseurs des ballons dirigeables, on peut dire qu'une hélice d'aéroplane étant destinée à donner une impulsion rapide au véhicule, l'effort de poussée devra être relativement modéré, tandis que le chemin parcouru dans l'unité de temps sera beaucoup plus grand, un aéroplane étant loin d'éprouver dans sa progression une résistance aussi grande qu'un aéronat fusiforme. Pour ces mêmes raisons, l'hélice d'un aéroplane devra présenter par rapport à l'hélice d'un aéronat, un diamètre et une surface bien moindres et tourner plus vite, ce qui constitue un avantage, car il est possible, en faisant des hélices de dimensions raisonnables, de leur donner une courbure plus régulière dans toutes leurs parties, ainsi qu'une rigidité considérable, donnant toute sécurité en plein vol.

En ce qui concerne la détermination du pas le plus convenable à donner à ce genre de propulseur, si l'on prend comme point de départ les remarques faites pour les hélices marines, on verra que le résultat maximum est obtenu lorsque le pas est égal à 1 fois 1/3 le diamètre. Les bases précises manquent encore un peu pour les hélices aériennes, et cette loi serait à vérifier, mais il semble, en l'absence de certitude complète à cet égard, qu'il est bon de s'en tenir aux alentours de ce rapport, qui doit osciller entre les 2/3 du diamètre et 1 fois 1/2 ce diamètre. On obtiendrait des résultats meilleurs que ceux enregistrés avec des hélices de diamètre et de pas réduits, que les aviateurs français emploient ; la preuve en est fournie par le « flyer » des Wright, qui possède des hélices rationnellement conçues et exécutées, de diamètre relativement grand, et tournant à une vitesse bien inférieure à celle adoptée par les constructeurs parisiens.

Dans un souci de légèreté et de simplicité qui se comprend jusqu'à un certain point, ceux-ci ont imaginé de supprimer les volants régulateurs du moteur à essence, pour les remplacer par les pales de l'hélice, qui est alors accouplée directement au moteur et tourne à la même vitesse que lui. Force est donc de donner à ces hélices un pas très court, mais la force centrifuge développée à la circonférence des palettes par l'extrême rapidité de rotation dont elles sont animées, détermine une tension énorme des bras maintenant ces palettes ; tension qui n'est pas inférieure à plusieurs milliers de kilogrammes et qui travaille à l'arrachement des palettes hors du moyeu. Cet accident est d'ailleurs survenu, comme on s'en souvient, à Orville Wright, et a causé la mort du passager qui l'accompagnait.

Il est donc hautement préférable, de l'avis de plusieurs spécialistes, de diminuer le travail excessif des palettes en abaissant le nombre de leurs révolutions à la seconde. Par ce moyen, on pourra avoir des hélices plus rationnelles, de diamètre et de pas plus grand, et possédant un meilleur rendement. Il sera obligatoire de démultiplier et de faire usage d'une transmission, d'où complication et alourdissement de l'ensemble de l'appareil, mais ce n'est peut-être là qu'un inconvénient plus apparent que réel, car il serait possible alors de munir l'hélice d'un embrayage automatique tel que l'hélice ne demeure embrayée que lorsqu'elle travaille. En cas de panne du moteur, panne toujours possible et malheureusement trop fréquente avec les moteurs à pétrole, l'aéroplane pourrait continuer son vol en planant et choisir son point d'atterrissage, chose presque impossible avec une hélice embrayée qui constitue un frein puissant, absorbant rapidement la vitesse de progression de l'appareil, et qui détermine sa chute, car un aéroplane dépourvu de toute vitesse horizontale doit forcément descendre.

La question du nombre d'ailes ou pales que doit posséder une hélice propulsive, est résolue depuis longtemps par nombre d'expériences, dont les premières remontent à Wenham, en 1866. Lorsqu'on donne à une hélice un grand nombre de pales, et qu'on observe ce qui se passe pendant la rotation, on constate que la colonne d'air déplacée par une pale forme un vide partiel, et que la pale qui arrive ensuite ne trouve plus un point d'appui suffisant, tandis que les résistances passives, dues au mouvement des palettes et au frottement de l'air, augmentent d'autant plus que l'hélice compte davantage d'ailes. Si, pour une hélice donnée, comportant quatre ou six ailes, on mesure le rendement fourni, on s'aperçoit que ce rendement, à dépense égale de travail, augmente à mesure que l'on supprime le nombre des ailes, jusqu'à ce qu'il n'en reste plus que deux, moment où le rendement atteint son maximum.

La largeur des ailes d'une hélice présente une certaine importance : trop étroites, elles ne trouveraient pas sur l'air un appui suffisant ; trop larges, les frottements nuisibles au rendement se trouveraient exagérés. La fraction du pas total, autrement dit la longueur d'avant en arrière, et qui détermine la largeur des palettes, doit être d'environ le dixième du pas. Il y a même avantage à réduire cette longueur vers l'extrémité de la pale, jusqu'à 1 15 ou 1 18 ; la surface d'appui est encore très suffisante, et l'on n'a pas à redouter l'influence des résistances passives. Quant au creux à donner aux pales, il est avantageux, à la condition de ne pas dépasser une certaine limite qui oscille aux environs de 1 50⁵ pour la flèche de la corde représentée par la courbure qui, au bord d'attaque, est tangente à la trajectoire décrite. On peut encore, ainsi que cela se pratique pour les hélices marines, faire le pas légèrement croissant du centre à la périphérie, et construire les palettes pleines d'un bout à l'autre de leur longueur ; mais alors il est nécessaire de connaître, au moins approximativement, la valeur du recul.

Hélices de sustention. — Si, au lieu d'être destinées à la propulsion horizontale ou en plan incliné d'un modèle quelconque, les hélices doivent être appliquées au soulèvement vertical d'un poids, comme c'est le cas pour les hélicoptères, on remarque que ces dernières diffèrent des autres en ce que leur recul est total, puisqu'elles ne progressent pas en tournant. Il faut donc qu'elles fournissent la plus grande poussée possible sur leur arbre, le chemin parcouru étant nul, sauf au moment du départ, et, par conséquent, leur pas doit être ramené au minimum. D'autre part, pour réduire également la valeur du recul, il faut que l'hélice s'appuie sur le plus grand volume d'air qu'il se peut faire, d'où il résulte qu'il faut donner à cet organe un très grand diamètre pour une vitesse de rotation donnée. Pour augmenter la valeur du poids soulevé par une hélice ascensionnelle à axe vertical, l'accroissement du nombre de tours effectué par seconde, serait loin de présenter le même avantage que l'augmentation du diamètre, le pas de l'hélice restant constant, d'où il résulte que les hélices suspensives doivent avoir un très grand diamètre et un pas très réduit, mais alors on se heurte à des difficultés d'ordre matériel résidant dans l'impossibilité d'établir d'abord des pièces de ce genre, possédant une suffisante solidité, puis de les mouvoir. D'un autre côté, les résistances passives, dues à l'importance des surfaces en mouvement, viendraient encore absorber une partie notable du travail dépensé, et réduire l'efficacité de l'organe de traction verticale.

On peut donc conclure sur ce sujet que, pour soulever des poids de quelque importance, un hélicoptère ne saurait être constitué par l'association de deux hélices immenses tournant en sens inverse l'une de l'autre, mais bien d'une série d'hélices de diamètre raisonnable concourant chacune à l'obtention du soulèvement. La démonstration expérimentale de l'agencement à donner aux hélices ascensives a été fournie à diverses reprises, notamment par Forlanini avec son hélicoptère à vapeur, par Castel, par l'ingénieur Léger et par les frères Dufaux.

Pour en revenir à l'aéroplane, le seul propulseur qui lui convienne est évidemment l'hélice, qui procure le maximum de simplicité d'emploi et le rendement le plus haut, à la condition d'être établi d'après les lois qui ont été énoncées dans ce chapitre mais les inventeurs sont encore divisés sur la question de son meilleur mode d'emploi. Les frères Wright font usage de deux hélices de grand diamètre, à ailes pleines du centre à la circonférence, tournant en sens inverse l'une de l'autre à l'aide de transmissions à chaîne directe et croisée de pignons dentés. Les constructeurs français emploient une hélice unique, montée directement dans le prolongement de l'arbre du moteur, et tournant par conséquent très rapidement, ce qui semble un tort, car le rendement obtenu est évidemment moindre qu'avec une hélice plus grande, tournant moins vite. De toute façon, ces propulseurs travaillent à la poussée, et on ne trouve des hélices travaillant à la traction et placées en avant des plans de sustention, alors que les autres sont disposées en arrière, que dans les modèles de Kapférer et de Goupy.

Lorsque l'aéroplane ne comporte qu'une hélice unique, à l'avant ou à l'arrière, il se produit un couple de renversement qui tend à incliner transversalement l'appareil dans le sens de la rotation. Pour éviter cette inclinaison, on recourt à un moyen très simple appliqué par Pénaud à ses petits modèles, et qui consiste à lester l'extrémité de l'aile ou du plan sustenteur qui tend à se relever. L'équilibre latéral est ainsi conservé.

On a abandonné l'idée des hélices jumelles, tournant en sens inverse l'une de l'autre et placées à droite et à gauche, en avant du corps de l'aéroplane, de même que celle consistant à disposer ces hélices dans l'axe de l'appareil, l'une en avant, l'autre en arrière, comme dans les modèles de Langley, et de Tatin et Richet et on n'en conserve qu'une seule, tournant à l'arrière (sauf dans le type Wright). Dans ce dernier cas, on constate que le recul de l'hélice est énorme, défaut que l'on peut attribuer d'une part à la trop grande vitesse de rotation, et d'autre part au fait que les plans sustenteurs sont retardés dans leur progression par le courant d'air résultant de ce recul même et qui leur oppose une grande résistance inutile. Il faut donc, pour éviter cet effet désastreux qui se traduit en définitive par un véritable gaspillage de force motrice, éloigner autant qu'on le peut l'hélice des plans sustenteurs et du corps même de l'aéroplane. Le rendement utile sera d'autant meilleur que l'hélice se trouvera mieux dégagée sur ses deux faces, de manière à aspirer librement et refouler l'air derrière elle.

Pour que l'équilibre longitudinal de l'appareil ne soit aucunement troublé par le fonctionnement du propulseur, il faut que sa poussée s'exerce à la hauteur du centre de résistance. Si cet effort se produisait en un point plus élevé que ce centre, l'aéroplane tendrait à s'incliner par sa pointe avant et à piquer du nez comme un cerf-volant. Si, au contraire, l'effort avait lieu en un point situé trop en dessous de ce même centre, on aurait l'effet inverse ; l'avant se redresserait et l'appareil aurait tendance à se cabrer. Dans les deux cas, les plans stabilisateurs ou le gouvernail de profondeur devraient agir pour rétablir l'équilibre, mais en créant une nouvelle résistance à l'avancement. Si l'emplacement de l'hélice était même trop éloigné au-dessus ou au-dessous du centre, il se pourrait que les gouvernails ou stabilisateurs fussent insuffisants et que l'équilibre longitudinal fût impossible à conserver.

CONSTRUCTION DES HÉLICES

La plupart des hélices adaptées aux aéroplanes actuellement en cours d'expériences sont plutôt défectueuses comme formes, et, comme on les fait tourner trop vite pour éviter la présence d'un mécanisme de démultiplication placé entre elles et le moteur qui les actionne, il en résulte qu'elles ont un recul exagéré, ce qui est une cause de perte et d'excessive dépense de travail. Comme on les veut très légères, on les fait d'un simple tube d'acier relié au moyeu et d'une pale d'aluminium gauchie suivant le profil déterminé par le calcul. L'assemblage est opéré, soit par brasure, soit par tout autre moyen permettant d'atteindre la plus grande solidité possible, de façon à ce que les pales puissent résister à l'effort d'arrachement qu'elles subissent et qui est dû à l'énorme force centrifuge développée à la circonférence par le mouvement de rotation. Cette disposition est évidemment très simple, mais elle laisse place cependant à la critique, et l'on peut penser qu'elle est loin d'être parfaite, en raison du danger qu'elle présente. La preuve a d'ailleurs été donnée par les Wright que l'on peut trouver mieux que cet agencement un peu trop simplifié.

L'électricien Trouvé, dont le nom n'est pas encore tout à fait oublié, avait indiqué une méthode très pratique de construction des hélices de toutes les formes. Pour cela, le moyeu était mis sur le tour et on traçait autour de lui le pas de l'hélice à réaliser. Sur toute la longueur de la courbe ainsi tracée on enfonçait perpendiculairement à l'axe du moyeu, une série de tiges métalliques se touchant à la base et s'écartant l'une de l'autre à mesure qu'elles s'éloignaient de l'axe. Ces tiges étaient ensuite reliées, en différents points situés à égale distance de l'axe, par d'autres bandelettes minces, exactement courbées suivant le pas aux différentes hauteurs de l'aile de l'hélice. Ces bandelettes étaient réunies aux tiges verticales par un point de soudure, et on obtenait un grillage dans les vides duquel on coulait du plâtre ou un alliage fusible, de manière à avoir une surface continue reproduisant exactement la surface de la courbe hélicoïdale. Toutefois, cette méthode, excellente pour des hélices de faible diamètre telles que celles employées pour les canots, est moins applicable aux hélices dépassant 1 m. 50 de diamètre, telles que celles que réclament le plus souvent les appareils d'aviation.

Les hélices d'aéroplanes peuvent être établies suivant des procédés identiques à ceux mis en usage pour la fabrication des grandes hélices d'aéronats, tel que la *Ville-de-Paris* et des dirigeables Lebaudy, c'est-à-dire à l'aide d'une ossature métallique partant du moyeu et portant des traverses courbes sur lesquelles on tend une étoffe vernie semblable à celle employée pour les enveloppes de ballons.

Hélices Wellner. — Wellner de Vienne a fait connaître en 1897 un type d'hélices très intéressant et dont nous devons dire quelques mots. Ce modèle, qui peut être construit en aluminium, comporte deux branches symétriques (fig. 40), pèse 25 kilogrammes et présente la forme d'un ovale s'épanouissant légèrement dans la partie médiane. L'ensemble a l'aspect d'un 8 dont chacune des moitiés a une surface de

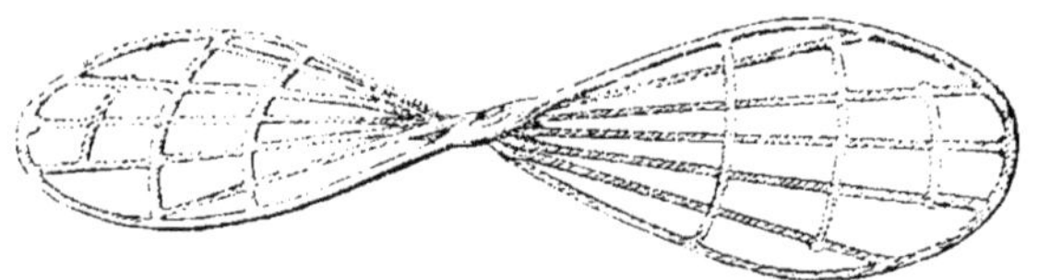

Fig. 38. — Hélice Wellner.

173 décimètres carrés. La distance à l'axe du rayon de giration est de 13 décimètres.

Pour établir les calculs on a partagé une branche en 15 segments d'égale hauteur et on a déterminé pour chacun d'eux individuellement le rayon de giration et on a calculé par les méthodes mathématiques ordinaires celui de l'hélice totale. L'angle α, c'est-à-dire l'inclination du pas, est de 34° pour le rayon de 2 décimètres, et il diminue régulièrement jusqu'au rayon de 32 décimètres, où il n'est plus que de 4°.

L'hélice est fabriquée avec des verges de bois d'orme de 30 millimètres d'équarrissage, consolidées et chevillées avec le plus grand soin. L'ensemble forme un tout compact ne fléchissant pas à la vitesse de 300 tours par minute. L'effort de traction au point fixe est de 75 kilogs. avec une dépense de 4 à 5 chevaux-vapeur. Le tableau suivant montre avec quelle régularité la traction augmente avec la vitesse de rotation.

Tours . . .	250	280	292	295	304	308	312	314
Kilogs . . .	55	58	60	61	65	67	70	71
Gain	500	333	500	500	500	750	500	

Les expériences n'ont pas été poussées plus loin, mais elles suffisent à montrer l'accroissement régulier de la traction avec le nombre de tours. Le procédé de construction paraît très rationnel et il semble que l'on aurait avantage à l'essayer pour les hélices d'aéroplanes.

M. Chauvière a proposé des hélices entièrement en bois auxquelles il donne le nom « d'intégrales »; il leur attribue des qualités très supérieures à celles des hélices en métal, et notamment solidité, bon marché, légèreté, élégance, rendement élevé, etc. Ces hélices

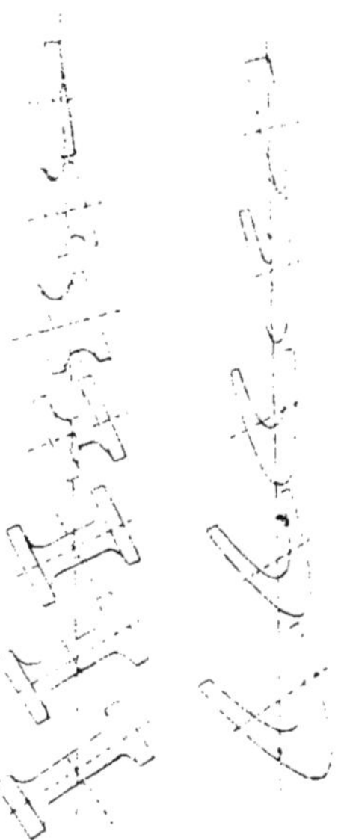

Fig. 39 et 40. — Pièces d'assemblage de l'hélice Wellner.

sont, suivant les diamètres, soit en bois massif dont les fils sont dans un même sens sur toute leur longueur ; soit en bois profilés, assemblés par superposition également dans leurs fils, d'une extrémité à l'autre, et collés avec une colle insoluble. Aucune déformation n'est à redouter avec cette disposition et la force centrifuge n'a aucune action nuisible sur les pales, quelle que soit leur surface.

La légèreté des hélices « intégrales » est remarquable : un propulseur de ce genre, de 3 mètres de diamètre, ne pèse que 5 à 6 kilogs au plus et permet d'obtenir des poussées de 50 à 200 kilogs suivant le pas adopté. Il est possible, et c'est là un avantage qui n'est pas à dédaigner, de modifier, après les essais préliminaires, soit la forme, la surface, soit légèrement la courbe primitive, de façon à obtenir la poussée et le nombre de tours que l'on veut, modifications ordinairement très difficiles à apporter aux hélices en métal.

Le mode de construction des hélices en bois permet de leur donner tous les profils nécessaires ; un vernissage au tampon les assure contre les intempéries, les rend brillantes et ramène au minimum l'influence des résistances passives dues au frottement de l'air, par conséquent économisent la force motrice dépensée à vaincre ces résistances. En ce qui concerne la résistance à la traction, elle est, pour une éprouvette d'un poids donné, double de celle des meilleurs aciers au nickel. La résistance à la déformation est plus grande encore, en raison des moments d'inertie qui croissent avec le carré des épaisseurs. Or, la faible densité du bois permet d'employer sans inconvénient d'assez grandes épaisseurs sans augmentation de poids trop sensible. L'accroissement de l'épaisseur se fait progressivement d'un bord à l'autre de l'hélice, tandis qu'elle se fait brusquement avec les modèles du même genre en métal : les remous d'air sont évités, et le rendement s'en trouve encore amélioré.

Enfin, les hélices en bois ou en soie vernie avec armatures en métal léger, ont sur les autres l'avantage de présenter une plus grande sécurité, en cas de rupture subite d'une partie quelconque du propulseur. Alors que les pales métalliques qui se détachent de leur moyeu constituent de véritables projectiles susceptibles de causer les plus grands dégâts à tout ce qu'elles peuvent rencontrer, les éclats de bois arrachés à la suite d'un accident de nature étrangère à l'hélice même, ne sont animés que d'une insignifiante force vive, en raison de leur peu de densité. Les fragments tourbillonnent sur eux-mêmes et retombent sur place, par suite de leur peu de poids comparé à leur grand volume.

Le constructeur de ce type d'hélices nous communique les chiffres suivants résultant d'essais effectués avec des modèles de dimensions variées :

	Diamètre.	Pas.	Poussée.	Travail.
Hélice de. . .	1 80	0 70	0, 125 n. 2	0, 08 n. 3
— . . .	2 30	1 15	0, 43 —	0, 4 —
— . . .	3 »	2 50	1, 80 —	3, 9 —
— . . .	5 »	3 80	9, 5 —	35 » —

En résumé, on peut dire que la question de l'étude mathématique et pratique des propulseurs hélicoïdaux destinés à agir dans l'air, a fait de sérieux progrès, surtout depuis que la preuve a été administrée de la nécessité de donner à ces appareils les dispositions les plus convenables pour assurer la sustention et la progression des aéroplanes, au lieu de se borner à associer deux pelles obliques ou deux cuillers à pot dans le prolongement l'une de l'autre et baratter l'air avec cet agencement plutôt rudimentaire. L'hélice a une importance considérable dans la construction d'un aéroplane et son agencement mérite d'attirer l'attention des aviateurs soucieux de tirer le meilleur parti possible de leur appareil. Avec une hélice bien étudiée, construite en bons matériaux, animée d'un mouvement de rotation de vitesse déterminée, enfin adaptée à l'emplacement le plus convenable, l'aéroplane acquerra la vitesse maximum que peut lui communiquer son moteur, dont toute la puissance sera utilisée et transformée en travail de progression, alors qu'aujourd'hui la majeure partie de cette puissance est absorbée par les pertes dues aux résistances passives de toute espèce éprouvées par les différents organes mobiles pendant leur déplacement dans l'air.

CHAPITRE VIII

LES HÉLICOPTÈRES ET LES ORNITHOPTÈRES

L'hélicoptère est un appareil consistant essentiellement en une double hélice à axe vertical, et qui doit s'élever directement dans l'air par la rotation de ces hélices qui prennent un point d'appui sur la masse de l'atmosphère. Son invention est contemporaine de celle des aérostats, car c'est en effet en 1784 que Lannoy et Bienvenu présentèrent à l'Académie des Sciences le premier modèle connu, et qui se composait de deux hélices à quatre ailes formées de simples plumes d'oiseau, reliées par une tige constituant l'axe de rotation ; le moteur était un simple arc de baleine tendu.

Ce modèle primitif fournissait la démonstration expérimentale de la possibilité de l'aviation au moyen de procédés purement mécaniques ; il passa presque inaperçu et ce n'est qu'en 1863 que l'on s'en souvint et que l'on crut de bonne foi que l'hélice horizontale pouvait donner la clé de la navigation aérienne. On se rappelle le fameux manifeste de l'*Autolocomotion par le plus lourd que l'air*, signé de trois noms connus : Nadar, G. de la Landelle et de Ponton d'Amécourt, et dont les prémisses s'étayaient sur les résultats fournis par de petits appareils à mouvement d'horlogerie construits par les mécaniciens Pline, Joseph et Froment.

Il faut arriver à l'année 1878 pour voir les premiers hélicoptères quittant le sol en emportant leur moteur, et on peut rappeler que ces expériences ont été faites, d'abord à Milan par M. le professeur Forlanini, ensuite en France par MM. Castel et Dieuaide. Dans le premier système qui vient d'être cité, une hélice constituée par deux larges palettes gauches était commandée par un train d'engrenages d'angle ayant pour but d'augmenter la vitesse de rotation d'un arbre horizontal à manivelles actionnées par un petit moteur à vapeur à deux cylindres. Ce moteur était soutenu et fixé sur une traverse horizontale constituant la charpente inférieure d'une aile fixe destinée à offrir, grâce à la grande surface offerte à la résistance de l'air, un point d'appui empêchant la rotation de cette partie de l'appareil en sens inverse de l'hélice ascensionnelle.

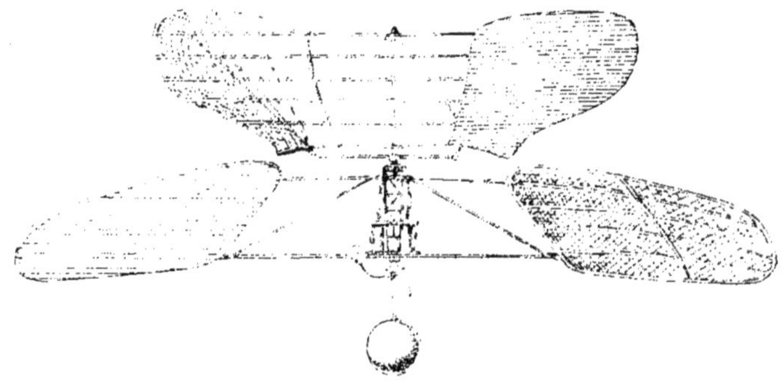

Fig. 41. — Hélicoptère Forlanini.

La machine à vapeur était une chaudière sans foyer, de forme sphérique, disposée à la partie inférieure en deux cylindres verticaux auxquels la chaudière était reliée par une tige creuse munie d'un robinet et d'un manomètre. L'eau se trouvait surchauffée à l'intérieur de la boule jusqu'à une pression de 12 atmosphères. Lorsqu'on donnait issue à la vapeur, l'hélice se mettait à tourner et l'appareil s'élevait librement jusqu'à une hauteur d'une quinzaine de mètres d'où il redescendait ensuite doucement, à mesure que la pression baissait dans la chaudière. Voici quels étaient les poids et dimensions de ce premier hélicoptère :

Poids total	3 kil. 500
— du moteur sans la chaudière.	1 kil. 500
Puissance du moteur.	1/5 de cheval (15 kgm)
Diamètre de l'hélice inférieure . .	1 m. 70
— — supérieure . .	2 m. 80
Pas de ces hélices	Egal au diamètre

La quantité de travail dépensée pour élever à 15 mètres de haut un poids de 3 kil. 500 était de 90 kilogrammètres environ ; le rendement utile était donc réellement remarquable, car il atteignait 55 pour 100. Le résultat était même supérieur à ce qu'on eût pu espérer.

Il n'en est pas de même de ceux obtenus, vers la même époque, en France. M. Dieuaide, essayant un hélicoptère composé de deux hélices à pales carrées tournant en sens inverse l'une de l'autre sous la commande d'une machine à vapeur à deux cylindres recevant le fluide moteur d'une chaudière fixe restant à terre, constata que le recul de ces hélices était tel, que la force ascensionnelle pouvait être évaluée à 12 kilogrammes au plus par cheval-vapeur, alors que pour l'hélicoptère Forlanini cette même quantité de travail de 75 kilogrammètres par seconde eût pu élever un poids de 25 kilogs.

Le modèle construit par M. Castel était mû par l'air comprimé, et, comme dans le système précédent, le générateur de force, le réservoir à haute pression restait sur le sol, et l'air était amené, par un long tuyau flexible au cylindre moteur. La commande des quatre paires d'hélices à deux palettes, agencées, deux par deux, à droite et à gauche de l'axe du cylindre, était opérée par une transmission à engrenages d'angle, comme dans les appareils de Dieuaide et de Forlanini. L'hélicoptère de Castel parvint bien à s'enlever mais au cours d'une expérience, il vint se briser contre une muraille ; aucune mesure précise de sa puissance ascensionnelle ne put, par suite, être relevée, ce qui est regrettable.

Pendant de longues années, les aviateurs parurent se désintéresser de l'hélicoptère, en raison de l'opinion à peu près générale qu'il était nécessaire de posséder avant tout un moteur extra-léger pour que la réalisation pratique de l'aéronef à hélices ascensionnelles fût possible. Quelques expériences furent cependant tentées çà et là, et nous rappellerons entre autres, celles de M. F. Faure, qui employa en premier lieu une hélice à ailes battantes et tournantes, actionnée par un moteur à pétrole de 1 cheval 3/4, et qui souleva une première fois 23 kilogs et lors d'une deuxième expérience 29 kilogs. Quelque temps plus tard, en 1904, un hélicoptère à deux hélices superposées, actionné par un moteur électrique fixe, souleva une première fois 72 kilogs, une deuxième 85 kilogs. L'hélice supérieure mesurait 2 mètres de diamètre et était distante de 0 m. 65 de l'hélice inférieure mesurant 2 m. 80. Le poids total de l'appareil était de 70 kilogs et la puissance employée atteignait 12 chevaux au maximum. Ces chiffres montrent que l'on peut fonder des espérances sur un dispositif de ce genre, à la condition de disposer d'une source de force assez légère pour pouvoir être emportée par l'appareil.

Ces années dernières, d'autres types d'hélicoptères ont été essayés, et l'on doit particulièrement rappeler les expériences faites par MM. Dufaux, de Genève, par M. Louis Léger et par l'ingénieur Cornu. Le premier de ces modèles était actionné par un moteur à pétrole très léger ; le second avait un dynamo comme moteur et la source d'énergie, une batterie d'accumulateurs restait à terre, enfin le dernier était mû par un moteur à pétrole placé sur un léger chariot monté sur roues à pneumatiques, à l'instar des aéroplanes. Ce système présente des particularités intéressantes et paraît susceptible de donner les résultats cherchés, c'est-à-dire qu'il est capable d'enlever son conducteur. Les deux hélices de sustention sont disposées à droite et à gauche, à égale distance de l'axe du chariot occupé par le pilote et le moteur et maintenus par des bras en forme de V, en tubes d'acier renforcés ; l'assemblage est consolidé par des fils tendeurs. La commande est opérée par courroies, de manière à donner un mouvement de rotation en sens contraire à chacune des surfaces tournantes. Les premiers essais ont montré que cet agencement était rationnel, malheureusement l'appareil manquait de solidité pour l'effort déployé.

En résumé, la question de l'hélicoptère est encore stationnaire et non résolue en pratique. Il semble bien que l'on possède le moyen de réaliser un hélicoptère captif, recevant son énergie motrice d'une source demeurant sur le sol, mais l'hélicoptère libre monté, transportant des voyageurs à travers l'atmosphère, comme le rêvaient La Landelle et Jules Verne dans *Robur le Conquérant*, reste encore dans le domaine de l'hypothèse.

Si l'on veut comparer d'ailleurs l'aéronef à hélices ascensionnelles à l'aéroplane, force est de reconnaître la supériorité de ce dernier, qu'il suffit maintenant de perfectionner pour augmenter sa vitesse de progression en utilisant au mieux le travail de son propulseur. L'hélicoptère ne saurait donner qu'un moyen d'ascension vertical, sans déplacement dans le sens horizontal, et, si on lui adjoint une hélice propulsive, le jeu de celle-ci pourra singulièrement troubler le fonctionnement des autres ; l'hélice horizontale ne se conçoit guère que comme un moyen d'aider le départ d'un aéroplane et de freiner sa descente, mais de toute façon c'est là une sérieuse complication, car la sécurité sera toujours moindre avec l'hélicoptère qu'avec l'aéroplane, en cas d'accident survenant au moteur en cours de route.

Sans pouvoir nier en rien l'utilité future de l'aéronef, car ce qui paraît aujourd'hui une utopie est souvent une réalité demain, on peut cependant penser que l'hélicoptère ne saurait constituer une machine volante capable de lutter de vitesse avec les plans sustenteurs poussés ou tirés par un propulseur hélicoïdal. Certes, ce genre de recherches ne saurait être stérile, et il n'est nullement impossible que l'on construise un jour ou l'autre un hélicoptère utilisable, mais on n'aura encore, ce faisant, résolu que la moitié du problème car il faudra alors doter cet appareil d'un dispositif assurant sa progression horizontale et sa direction. De toute façon, l'hélicoptère ne deviendra possible et pratique que lorsqu'on sera parvenu, d'une part à construire des hélices donnant le moins de recul possible, et d'autre part à établir des moteurs donnant une force presque illimitée et n'étant pas sujet aux pannes subites comme le moteur à pétrole actuel.

LES ORNITHOPTÈRES

Les orthoptères ou ornithoptères, sont les appareils d'aviation qui rejettent l'emploi de l'hélice en tant que propulseur ou sustenteur, et qui lui préfèrent des organes rappelant l'oiseau et agissant comme lui, c'est-à-dire par mouvements alternatifs, au lieu de mouvements circulaires.

« Orthoptères ou ornithoptères, écrit M. Albert Bracke, le savant météorologiste montois dans une lettre adressée au *Petit Bleu*, de Bruxelles, font une classe à part. Ici, l'hélice sustentatrice est supprimée, la sustentation étant obtenue par pression de surfaces mobiles. Aucun appareil de ce genre ne peut jusqu'à ce jour rivaliser avec les autres au point de vue du résultat pratique obtenu. Mais il semble que l'avenir lui soit réservé. Je m'explique : L'oiseau vole aisément longtemps et rapidement, il en est de même de la plupart des insectes. Si ce moteur admirable que l'aile de l'oiseau ou de l'insecte est bien fait pour tenter les chercheurs, c'est précisément parce qu'il possède la faculté de produire le vol rapide avec une dépense d'énergie très faible. L'aisance avec laquelle les insectes évoluent, ou avec laquelle les oiseaux, comme l'hirondelle, traversent l'air, est un problème tout aussi tentant. Dès lors, n'est-il pas rationnel d'y rechercher la solution du problème de la locomotion aérienne? Mais on oublie trop que le vol des oiseaux est basé sur deux grands facteurs : le mécanisme de l'aile, d'une part, et la connaissance parfaite des mouvements de l'air, d'autre part. Si le mécanisme de l'aile fournit à l'oiseau la faculté de propulsion et de sustentation, il ne faut pas perdre de vue que son équilibre dans tous les sens est basé avant tout sur les mouvements invisibles du fluide qu'il traverse.

Pour l'homme, le problème à résoudre est donc double : Construire un mécanisme approchant de l'aile et connaître les mouvements de l'air, ainsi que son effet sur les surfaces quelconques qui peuvent s'y mouvoir.

La première partie du problème n'est point compliquée, si on la compare à la seconde. Car dans la seconde, nous voguons quasi dans l'inconnu absolu. Je veux surtout attirer sur ce point l'attention de tous ceux qu'intéresse l'avenir de la navigation aérienne. Il ne faut pas chercher à éviter ou à vouloir surmonter les mouvements de l'air, quels qu'ils soient : il faut chercher à s'en servir, et pour cela, il faut les étudier. Toute machine volante courra à sa perte, si celui qui la monte n'a pas une connaissance parfaite des mouvements de l'air qu'il traverse.

Ces mouvements sont doubles. Ils se composent :

1° De mouvements atmosphériques généraux et propres : vents de surface, vents d'altitude, courants ascendants d'origine thermique, courants obliques plongeants ou remontants d'origine mécanique, tourbillons locaux d'origine thermique, micro-cyclones, remous provoqués par les heurts contre les surfaces terrestres et leurs inégalités, etc. ;

2° De mouvements aériens causés par le passage même de la machine volante.

Les derniers peuvent s'étudier expérimentalement à l'aide de modèles réduits par les procédés photographiques.

Les premiers sont les plus importants et ceux dont l'étude est la plus longue et la plus difficile.

Les vents de surface, nous ne les connaissons pas. Nous les connaissons météorologiquement parlant, dans leurs grandes lignes, mais ces grandes lignes sont d'une utilité nulle au point de vue de l'aviation. Les cartes aéronautiques, indiquant les régimes particuliers des vents par mois, n'ont aucun intérêt. Les conditions moyennes ne sont d'aucune utilité, quand il s'agit de traverser une région à une date fixée.

Ce qu'il faut connaître, c'est la direction du vent dans les localités respectives pour une situation atmosphérique déterminée et l'effet d'une quelconque de ces directions sur les vitesses dans les localités voisines. Il importe donc de répandre au plus tôt et le plus possible tous les appareils enregistreurs qui puissent donner des indications sûres sur les directions et vitesses des courants d'air à faible hauteur. Il faut également rechercher où prennent d'habitude naissance, dans une contrée donnée, les courants ascendants d'origine quelconque ; pour cette étude les clino-anémomètres deviennent indispensables. Les courants obliques d'origine mécanique sont décelés par les micro-barographes, de même que les micro-cyclones ; quant aux remous contre les surfaces terrestres, on peut les étudier par des photographies de fumées.

Comme on le voit, il y a encore une série d'études très vastes et très compliquées à faire avant de connaître le milieu dans lequel l'homme voudrait se mouvoir. Les oiseaux ont pour eux quelque chose, que dans notre ignorance, nous avons appelé l'instinct. Cet instinct, nous devons y suppléer par l'étude. La navigation aérienne ne fera donc de sérieux progrès que si, à côté des chercheurs concernant la partie purement mécanique du problème, il s'en lève une armée d'autres qui s'accapareront exclusivement des recherches concernant les mouvements de l'air. Les exemples donnés par M. Eiffel, les expériences poursuivies dans les instituts d'aérodynamique, comme celui de Koutchino, devraient être les points de départ de ces recherches nouvelles.

Tout en construisant des appareils d'aviation, il faut créer des stations d'aérologie ! »

Telle est l'opinion du savant météorologiste belge, et on ne peut que se rallier à ces idées de tout point justes, et qu'on néglige à grand tort d'approfondir, car la science des mouvements de l'atmosphère doit marcher de concert avec celle de la locomotion aérienne.

Les théories sur le vol des oiseaux sont nombreuses et complexes, et des savants estimés tels que Marey, Mouillard, Langley, Soreau, entre autres, ont donné des explications plus ou moins plausibles sur les manœuvres pratiquées par les volateurs animés : il semble inutile de rappeler ici ces idées souvent fort ingénieuses, que tous les aviateurs connaissent, et qui ont été l'objet d'une quantité de discussions et de critiques. Il est évident, de toute façon, que l'homme n'aurait pas avantage à copier servilement la nature : la locomotive ne rappelle pas le cheval ni le navire à vapeur le poisson, et on peut arriver au but entrevu par des moyens tout différents de ceux que les animaux emploient pour progresser sur terre, dans l'eau ou dans l'air. L'hélice bien comprise a certainement un meilleur rendement utile que l'aile battante, et il semble qu'il soit plus facile de construire et de commander mécaniquement un organe doué d'un mouvement circulaire continu qu'un autre animé d'un mouvement alternatif.

« Alors que l'aéroplane s'efforce de réaliser le vol plané, les orthoptères reproduisent le vol ramé, dont on a l'exemple dans le pigeon et nombre d'autres oiseaux. Grâce aux procédés chronophotographiques qu'il avait porté à un haut point de perfection, le regretté professeur Marey a pu décomposer le vol ramé en ses phases successives ; en prenant simultanément trois séries de clichés sur des plans orthogonaux, il a réussi à reconstituer par des modèles en bronze les différentes poses de l'oiseau dans l'espace. Toute l'abaissée se fait, la voilure des ailes largement déployée. Au début, les ailes, d'abord verticales, descendent énergiquement à droite et à gauche et se portent en avant ; les rémiges de l'aile et de la queue s'étalent pour augmenter la surface de sustention, tandis que celles de l'avant-bras se placent perpendiculairement et s'appuient fortement les unes sur les autres de façon à constituer une voilure large et résistante. Elle a d'ailleurs besoin d'être forte, car la résistance de l'air devient bientôt assez violente pour provoquer sa torsion, qui est très visible lorsque les ailes traversent le plan horizontal. Quand elles ont franchi ce point, la torsion diminue, soit que leur vitesse se ralentisse, soit que les filets d'air suivent plus docilement la route qui leur est imposée. Les ailes, toujours étendues, continuent à se rapprocher et à se porter en avant ; on voit donc que, si la surface de sustention se restreint, sa concavité, nettement dessinée par les ailes, le corps et la queue de l'oiseau, s'accentue de plus en plus, ce qui compense la diminution de surface. Avec certains oiseaux rameurs, il arrive qu'à l'essor les ailes se rapprochent jusqu'au sommet.

« La remontée se fait de façon que les rémiges cubitales et palmaires évitent de frapper l'air par leur face supérieure. Dès qu'elle commence, la main se replie par un mouvement d'avant en arrière. Sous la traction qui en résulte, les rémiges palmaires, étalées pendant la phase précédente, se rapprochent jusqu'à ce que leurs tuyaux se touchent ; la région carpienne forme alors un angle obtus nettement visible sur la figure. L'articulation du coude est également fermée, et les rémiges cubitales se couchent sur l'avant-bras ; l'oiseau est alors comme encapuchonné. Après le reploiement général de l'aile, celle-ci se relève : la rotation des rémiges cubitales, commencée dans la phase précédente grâce à la traction que le reploiement de la main exerce sur les ligaments élastiques, s'accentue et place franchement les plumes en lames de persiennes. Puis les articulations du poignet et du coude, fléchies jusque-là s'étendent peu à peu. Les lames de persiennes se rapprochent et les ailes reviennent à leur position initiale se relevant parfois jusqu'à se toucher avec un bruit que Virgile a comparé à celui des applaudissements. Dans les mouvements qui viennent d'être analysés, un point de l'aile décrit une sorte d'ovale par rapport au corps de l'oiseau.

« Quant à l'attitude de l'oiseau sur la trajectoire qu'il suit, Marey détermina approximativement, dans le cas du vol horizontal en ligne droite, le centre de gravité du corps et il put constater que la trajectoire de ce point est sensiblement rectiligne. On conçoit d'ailleurs que, si les ailes sont relevées, le corps doit être au-dessous de l'horizontale décrite par le centre de gravité et au-dessus quand elles sont abaissées. De même, on comprend que pendant l'abaissée, où les ailes se portent en avant, le corps s'incline de façon à relever la tête et qu'il y ait une inclinaison inverse pendant la remontée des ailes (1). »

Voilà pour ce qui est de la décomposition du mouvement des ailes ; maintenant quelle doit être la surface de celles-ci pour répondre au but poursuivi dans la construction d'un oiseau mécanique ?... C'est là une question à laquelle il est assez malaisé de répondre si l'on continue à vouloir prendre la nature pour modèle, car d'après M. de Lucy, il est une loi invariable, à laquelle on n'a pas trouvé d'exception, c'est que, plus l'animal ailé est petit et léger, et plus est grande l'étendue relative de la surface de support. Ainsi, comparant les insectes entre eux, le cousin, qui pèse 460 fois moins que le lucane ou cerf-volant, possède une surface relative de support 14 fois plus grande. La coccinelle (bête à bon Dieu) qui pèse 140 fois moins que le lucane, possède une surface relative 5 fois plus grande que ce dernier, etc.

Il en est de même pour les oiseaux. Le moineau, qui pèse environ 10 fois moins que le pigeon, a 2 fois autant de surface relative. Le pigeon qui pèse environ 8 fois moins que la cigogne a 2 fois autant de surface relative. Le pinson, qui pèse 340 fois moins que la grue d'Australie, possède 7 fois plus de surface relative que cette dernière. Si l'on compare ensuite les insectes aux oiseaux, l'écart devient encore plus frappant et plus considérable. M. de Lucy a consigné dans le petit tableau ci-dessous le résultat de ses observations et il permet d'établir de curieuses comparaisons (2).

ESPÉCES	POIDS du volateur.	SURFACE des ailes.	SURFACE NÉCESSAIRE pour supporter 1 kilog.
Cousin.	3 milligrammes.	30 mm. carrés.	10 m. carrés.
Papillon.	20 centigrammes.	1.663 —	8 m. c. 1/3.
Pigeon.	290 grammes.	750 cm. carrés.	2.600 cm. carrés.
Cigogne	2 kil. 250	4.500 —	1.980 —
Grue d'Australie . . .	9 kil. 500	8.540 —	900 —

(1) Rodolphe Soreau, *Le Problème général de la navigation aérienne*, op. cit., p. 13.
(2) H. de Graffigny, *Les ballons dirigeables et la navigation aérienne*, 2ᵉ édit., 1905.

Des chiffres de ce tableau on peut conclure que l'aile est un support différent des parachutes, dont la surface doit croître proportionnellement au poids qu'ils supportent.

La loi, reliant ces rapports est donc simple et on peut l'énoncer en disant que la surface des ailes, au lieu d'être en proportion du poids, est en proportion de la surface du corps, ou, pour parler plus exactement, qu'elle est proportionnelle au carré des dimensions linéaires au lieu d'être proportionnelle au cube. Ainsi, si l'on suppose deux oiseaux ou insectes de semblable structure, dont l'un serait 7 fois plus grand que l'autre, le corps du premier présentera 49 fois la surface du second, et il pèsera 343 fois plus $(7 \times 7 \times 7)$. Mais la surface des ailes ne sera que 49 fois plus grande au lieu de 343 fois. En d'autres termes, par rapport au poids, le plus petit aura une surface d'aile 7 fois plus grande que l'autre. Et l'on peut voir combien ces chiffres théoriques se rapprochent de la réalité en consultant les nombres du tableau de M. de Lucy.

Parmi les théories établies sur le vol des oiseaux, on peut citer celle émise récemment par M. Ch. Lefort, et dans laquelle cet auteur détermine le coefficient m de l'aile ainsi que le travail dépensé et le rendement obtenu. Voici d'ailleurs l'énoncé de cette théorie publiée par la revue l'*Aérophile* :

Nous avons émis autrefois l'hypothèse que le vol des oiseaux était simplement produit par l'oscillation de ses ailes, les coefficients caractérisant les résistances à l'air des surfaces supérieures et inférieures à ces organes étant très différentes. Nous allons calculer maintenant le travail développé par un oiseau et le coefficient m de la surface inférieure des ailes. Nous négligerons la résistance de l'air dans la période montante et admettrons que la vitesse des ailes est uniforme quoiqu'elle soit légèrement plus forte dans la course ascendante. Nous supposerons que la poussée résultante est verticale et agit constamment, tandis que, dans la réalité, elle ne présente la première particularité que pour l'aile déployée horizontalement et n'agit que pendant la moitié de la durée du vol. Nous considérons ainsi l'aile, dans son action comme bien supérieure à ce qu'elle est réellement, tout en conservant le même effet. Il en résultera que les chiffres obtenus devront être considérés comme des minima.

Si nous observons un corbeau en plein vol, nous constaterons que ses ailes de 0 m. 25 à 0 m. 30 de longueur, et 0,10 à 0,18 de largeur battent à 4 coups par seconde et avec une amplitude d'environ 0 m. 30 à leurs extrémités. Nous remplacerons la forme indéterminée de l'aile par une forme rectangulaire moyenne de $0,15 \times 0,25$ et, dans ces conditions :

P étant le poids de l'oiseau : 0 k. 400 ; T le travail qu'il développe, inconnu ; m le coefficient cherché ; S l'aire des ailes, $2 \times 0,15 \times 0,25 = 0,075$; V la vitesse de l'extrémité de l'aile $= 2 \times 4 \times 0,30 = 2,40$.

On a $P = \dfrac{m\ S\ V^2}{3}$, donc, $m = \dfrac{3\ P}{S\ V^2}$

$$T = \frac{m\ S\ V^2}{3} \text{ (en kilogrammètres.)}$$

$$Rt = \frac{75\ P}{T} \text{ (par cheval-vapeur.)}$$

qui donnent en appliquant :

$$m = \frac{2 \times 0.400}{0.075 \times \overline{2.40}^2} = 2.8$$

$$T = \frac{2.8 \times 0\ 075 \times \overline{2.40}^2}{2}\ 0\ \text{kgm. }715$$

$$Rt = \frac{75 \times 0\ \text{k. }400}{0\ \text{kgm. }713} = 42$$

Le coefficient m qui est de 3 au minimum et le rendement théorique qui peut atteindre 40, représentent des résultats bien supérieurs à ceux admis ou obtenus à l'heure actuelle et constituent la preuve indéniable de la supériorité de l'organe aile sur tous propulseurs employés actuellement, en particulier sur l'hélice.

Si, maintenant, nous arrivons à l'étude des orthoptères réalisés jusqu'à présent, et sans remonter aux oiseaux artificiels de Hureau de

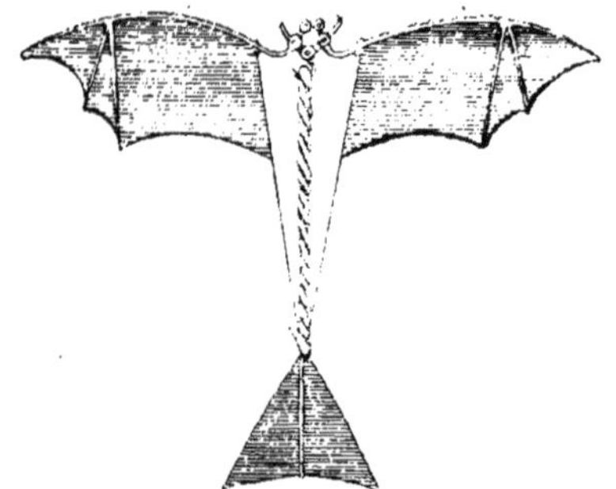

Fig. 42. — Oiseau de Hureau de Villeneuve.

Villeneuve (fig. 42), Pichancourt et autres, nous consacrerons une courte étude à la machine volante de MM. Juge et Rolland de Lyon, machine qui ne mesure pas moins de 11 m. 50 d'envergure.

Cet appareil est conçu dans le but d'imiter les battements de l'aile de l'oiseau dans l'essor et dans la montée, en modifiant à la volonté du pilote l'amplitude du coup d'aile jusqu'à l'éteindre pour le planement ou la glissade.

La machine est construite en tubes d'acier. Les ailes ont chacune 5 mètres de longueur, articulées à l'épaule, par un dispositif mécanique que les inventeurs n'ont pas fait connaître. Les bords antérieurs sont rigides, mais les bords postérieurs sont faits de membranes souples dénommées plans flotteurs et vibreurs qui s'inclinent à la montée pour se refermer automatiquement à la descente, afin d'offrir à la phase descendante une surface triple de celle ascendante.

Le dispositif mécanique doit permettre d'obtenir un nombre de battements variant entre 30 et 70 à la minute.

La carène renferme le moteur de 20-24 HP et la place du pilote. A l'arrière est monté un gouvernail de forme trapézoïdale s'orientant en tous sens et devant donner la stabilité de route et la direction de profondeur.

La surface totale de sustentation est de 52 m. 2 ; le poids de l'appareil n'excédera pas 150 kilog.

La machine repose sur un châssis muni de trois roues porteuses.

Lemniscate Ad. de la Hault. — Dans ce modèle, actuellement en cours d'essai à Bruxelles, la transformation du mouvement rotatif du moteur en mouvement en lemniscate, est obtenue en astreignant deux points du bras portant l'aile, à se mouvoir, l'un sur un axe tournant dans un plan perpendiculaire à l'axe du moteur, l'autre sur un cercle tracé dans un plan contenant l'axe de ce moteur.

Ces conditions géométriques ont été réalisées dans la pratique en fixant ce bras sur une douille coulissant sur un axe supporté par des fourches solidaires d'un manchon actionné par le moteur. Cette douille prolonge le bras de l'aile par une rotule saisie par une alvéole fixée à l'extrémité d'un levier pivoté autour d'un axe fixe, supporté lui-même par l'arbre fixe sur lequel tourne le manchon portant la fourche, comme le montre la figure 43.

Dans l'appareil définitif, l'aile parcourt à chaque battement en 8, un chemin de 5 mètres.

En admettant que chacune des ailes ait 1 mètre carré de surface et que tout l'appareil pèse, avec moteur et aviateur, 200 kilogrammes, chaque aile devra procurer une force ascensionnelle de 100 kilogrammes.

Or, un vent d'une vitesse de 28 mètres à la seconde, exerce une pression d'environ 100 kilogrammes sur un mètre carré.

A chaque battement, l'aile parcourt 5 mètres, donc en battant 6 fois par seconde, il y aura un excédent de force ascensionnelle. Cependant les chiffres précédents sont fortement majorés.

En effet, l'aile parcourt un demi-cercle, il y a donc deux moments d'arrêt et fatalement un ralentissement qui précède et un qui suit ce moment d'arrêt, d'où perte de temps et les précédents calculs sont basés sur un mouvement uniforme ; il arrivera donc un moment où l'aile devra regagner ce temps et ce, en augmentant sa vitesse en un certain espace de sa course.

Ceci a lieu vers l'horizontale.

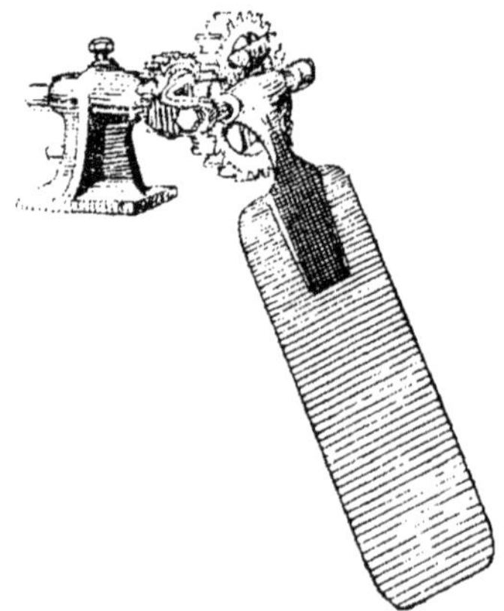

Fig. 43. — Lemniscate A. de la Hault.

Mais alors il y a une augmentation de pression qui n'est pas proportionnelle à la vitesse :

Pour un vent de 30 mètres, à la seconde, il y a 122 kilogrammes de pression par mètre carré ; pour un vent de 45 mètres à la seconde il y a 260 kilogrammes par mètre carré.

Que l'on se figure donc la pression de l'aile, étant admis qu'au moment le plus rapide, l'aile atteint une vitesse de plus de 60 mètres à la seconde.

D'après certains calculs, 4 battements par seconde suffiraient, sans tenir compte de la décompression supérieure.

Voilà pour l'élévation verticale de la machine. Pour la progression, elle se comprend facilement en observant la courbe décrite par l'aile ; de ce mouvement résulte une force propulsive en même temps qu'ascensionnelle. Pour la direction, il suffit d'incliner le mouvement de l'aile gauche par exemple vers l'avant, en même temps qu'on incline celui de l'aile droite vers l'arrière, ou inversement ; comme résultat, l'appareil pivotera à droite ou à gauche autour de son axe avec une vitesse d'autant plus grande que l'inclinaison sera plus prononcée.

Ajoutons que les premiers essais de la partie mécanique de cet ornithoptère ont donné entièrement satisfaction, ce qui fait bien augurer des résultats que pourra donner le modèle définitif. Nous féliciterons sincèrement le promoteur de ce système, M. Adhémar de la Hault, de son intelligente initiative, et nous lui souhaitons tout le succès qu'il mérite par sa persévérance.

CONCLUSION

Si, maintenant, nous voulons tirer une conclusion de cette revue rapide des appareils qui s'efforcent de réaliser d'une façon pratique la conquête de l'air, nous reconnaîtrons de bonne foi que des améliorations sérieuses s'imposent encore pour rendre l'aéronef d'un emploi aussi courant que celui des véhicules terrestres ou maritimes. Il semble bien que c'est l'aéroplane qui fournit la solution la plus rationnelle, et tout au moins est-il déjà supérieur à ses rivaux l'hélicoptère et l'ornithoptère, malgré cette supériorité, il a besoin d'être perfectionné et les efforts des inventeurs devront porter sur les points suivants :

1° Utilisation maximum du travail du moteur par l'emploi d'hélices à haut rendement et bien appropriées au genre d'appareil à propulser, et par la suppression de toutes les résistances nuisibles à l'avancement.

2° Perfectionnements dans les moteurs, dont la légèreté est maintenant très suffisante, mais qui devront fournir une somme constante de travail sans danger d'arrêt subit, et ce pendant un temps indéterminé.

3° Amélioration des moyens de départ et d'atterrissage, lesquels devront pouvoir s'opérer dans un espace aussi restreint que possible et malgré le vent régnant.

Quant à la forme la plus convenable à donner à ces appareils, il semble que les multiplans, ou modèles à plans superposés à une certaine distance les uns des autres, peuvent donner de meilleurs résultats que les monoplans, bien que ceux-ci soient certainement capables d'atteindre de plus grandes vitesses de progression.

Maintenant si l'on veut envisager la question de plus haut et s'assurer si l'on est réellement dans la bonne voie avec l'aéroplane on constatera que l'on est encore à la période sportive, puisqu'on ne parle que de « records » de hauteur ou de durée. Les exploits des Farman, des Blériot, des Delagrange, des Wright même, sont encore du domaine du sport et non de l'utilisation pratique, car leurs machines volantes n'ont encore fourni que des démonstrations expérimentales de leur maniabilité et n'ont pu aucune recevoir application pratique. Ce dernier point est encore à résoudre. Il faut perfectionner dans leurs moindres détails ces appareils de locomotion aérienne, de façon à assurer une entière sécurité à leurs conducteurs et aux passagers, même en cas d'avarie subite ou d'arrêt de fonctionnement du moteur. Le ballon dirigeable est limité dans sa vitesse propre, qui ne pourra guère dépasser 60 kilomètres à l'heure, alors que les aéroplanes pourront faire 30 et même 40 mètres par seconde, c'est-à-dire 120 à 150 kilomètres à l'heure, mais on conçoit qu'il faudra que les pilotes soient absolument maîtres de leurs appareils pour voler à une semblable vitesse. C'est pourquoi on ne saurait qu'applaudir aux efforts faits, en France surtout, pour encourager les aviateurs, par la création de prix et d'épreuves de toute espèce. Les pouvoirs publics, sous la pression de l'opinion, sont également entrés dans cette voie, et l'on peut augurer, de ce grand mouvement qui commence, le succès définitif et la réalisation tant espérée de la conquête de l'espace, qui entraînera une multitude de conséquences et de répercussions que l'on ne saurait encore entrevoir.

Lorsque la connaissance des mouvements de l'air sera parfaite, et que les aéroplanes seront devenus de véritables navires aériens, ce qui ne saurait manquer, car c'est la loi inéluctable du progrès de faire de mieux en mieux, grâce à l'expérience acquise peu à peu, alors la machine ailée sera véritablement maîtresse de l'atmosphère, comme le vaisseau est maître de l'élément liquide, et elle entrera dans la voie des applications vraiment utiles, au plus grand bénéfice du progrès et de la civilisation.

FIN

TABLE DES MATIÈRES

ÉMILE COLIN ET Cie — IMPRIMERIE DE LAGNY
E. GREVIN, SUCC^r.

www.ingramcontent.com/pod-product-compliance
Ingram Content Group UK Ltd.
Pitfield, Milton Keynes, MK11 3LW, UK
UKHW020311180726
13839UKWH00001B/436